全国干部传统文化与执政智慧培

中国东方文化研究会国学文化专业委员会组编

执法治要

洪　艳　曾俊森　彭一伶　编著

编委会

主　编　高宏存

副主编　刘　颖　李明军　张　泰

编委会成员

宫金琼　孟晓妍　袁　航　高玉敏

褚洪敏　洪　艳　岳文典　刘晓玲

彭一伶　刘　颖　田　媛　许盼盼

陈友军　官盱玲　洪荣福　张　银

曾俊森　杨寿良　武建宇　朱利侠

张红岭　张　泰　李明军　高宏存

人民东方出版传媒
东方出版社

图书在版编目（CIP）数据

执法治要／高宏存主编；洪艳，曾俊森，彭一伶编著 . —北京：东方
出版社，2015. 12
全国干部传统文化与执政智慧培训教材
ISBN 978-7-5060-8872-5

Ⅰ. ①执… Ⅱ. ①高… ②洪… ③曾… ④彭… Ⅲ. ①行政执法-
中国-古代-干部教育-教材 Ⅳ. ①D929. 2

中国版本图书馆 CIP 数据核字（2015）第 317128 号

执法治要

(ZHIFA ZHIYAO)

高宏存　主编　洪　艳　曾俊森　彭一伶　编著

策划编辑：李　斌　鲁艳芳
责任编辑：辛岐波
出　　版　东方出版社
发　　行　人民东方出版传媒有限公司
地　　址　北京市东城区朝阳门内大街 192 号
邮政编码：100010
印　　刷　北京佳顺印务有限公司
版　　次：2016 年 3 月第 1 版
印　　次：2016 年 3 月北京第 1 次印刷
开　　本：710 毫米×1000 毫米　1/16
印　　张：22
字　　数：260 千字
书　　号：ISBN 978-7-5060-8872-5
定　　价：68.00 元
发行电话：(010) 64258117　64258115　64258112

总序　做传统文化的践行者

　　中华民族五千多年的历史文化源远流长，而文化的传承与演进推动了整个中华民族的历史进程，它是提高中华民族凝聚力的源动力，也是维系炎黄子孙这个大家庭的强有力纽带。因此，没有中华传统文化的深厚根基，也就没有华夏民族这棵参天大树。可以说，中华民族的发展史也正是中华传统文化的积淀史。

　　追溯"文化"源头，早期"文"与"化"其实是两个单独的概念，直到战国末期的《周易·象传·贲卦》中言"刚柔交错，天文也。文明以止，人文也。观乎天文，以察时变；观乎人文，以化成天下"，"文"与"化"才开始联用，并衍生出了"以文教化"的思想。后《说苑·指武》中有言："圣人之治天下也，先文德而后武力。凡武之兴，为不服也。文化不改，然后加诛。"《文选·补之诗》中也有"文化内辑，武功外悠"的论述。"文""化"开始形成一个词，而其陶冶性情、提高修养的功用则进一步被强化，"文化"也作为一种社会现象和历史现象成为国家和民族精神意识的反映。

　　虽然长期以来我们十分强调文化对于国家建设、民族发展的重要意义，但近些年随着我们对经济发展关注度的提高，人们渐渐疏离中国优秀的传统文化，传统经典被束之高阁，文化意蕴被当作古董，人们在追逐商业价值的过程中逐渐忘却了传统文化里先哲们所拥有的智慧。为民者不记得"采菊东篱下，悠然见南山"一诗所拥有的闲适，为官者忘却了"苟利国家生死以，岂因祸福避趋之"中所包含的勇往直前，对物质财富的追逐冲淡了中华传统文化的底蕴，但是，经济的发展从来都不应该以破坏文化底蕴为代价，联合国教科文组织《文化政策促进发展行动计划》中便指出："发展最终应以文化概念来定义，文化的繁荣是发展的最高目标。"经济的发展固然重要，但这种发展必须以对传统文化的尊重为前提，必须以深厚的文化底蕴为支撑；全民文化的倒退必然导致经济的衰退，而如果一个民族的文化开始荒芜，那么种族的退化甚至灭亡将在所难免。

当然，由于时代的不同，传统文化中也存在着与当今社会不相融合的东西，因此，我们对于传统文化要秉持辩证的眼光，要懂得"取其精华、去其糟粕"。而我们强调的对于传统文化的传承，正是要宣扬那些强化人际关系、主张个性解放、尊重精神自由的内容，是要传承先贤哲人们崇高的品德和高尚的情操，是要传承那些足以启发治国理政、修齐治平的内容。

中华民族悠久历史积淀的古老文化灿若星河，留存于那些浩如烟海的典籍当中，因此阅读古籍原典就成了我们了解、熟悉、传承传统文化的有效途径。

习近平同志曾说："中国传统文化博大精深，学习和掌握其中的各种思想精华，对树立正确的世界观、人生观、价值观很有益处……学史可以看成败、鉴得失、知兴替；学诗可以情飞扬、志高昂、人灵秀；学伦理可以知廉耻、懂荣辱、辨是非。"各级党员领导干部作为党和国家政策的执行者和实施者，必须重视对传统文化的继承与发扬，必须以一种表率的姿态在民众中树立起对国学经典与传统文化的重视，从而引导全国人民成为优秀传统文化的继承者和践行者。

本套丛书挑选国学经典中优秀的传统文化内容，除了意在弘扬璀璨夺目的中华文化，更重要的是为广大读者提供佐餐灵魂的精神食粮。愿我们成为中华民族传统文化的共同传承者和践行者。

序　言

　　"法治"在中国古代社会语境中的实质是以"礼"为纲的"法"，以及以"刑"为表的"治"。"礼之所去，刑之所取"充分反映了两者的表里辩证关系，"无法但有刑"成为那个时期中国社会最典型的治理特征。然而"徒善不足以为政，徒法不足以自行"，折射出中国古代社会开始深刻认识到纯道德式的宣讲与劝诫，对于调节社会复杂实际的不足之所在。中国古代社会治理理念很早便开始关注"以法为纲"这种新的社会治理介质，涌现出了如《法经》《九章律》《唐律疏议》《大明律》等一批对后世影响深远的法典。

　　"古今所以治天下者，礼也""以德化民，仁政爱民"等中国古代社会治理思想在人类历史发展的长河中光芒璀璨，其对于后世的治国理念与制度设计所产生的深远影响是不言而喻的。回顾中国古代社会的法治思想，其发轫于"礼治"，成熟于"德治"，落脚于"仁治"。"礼"在传统社会中完美地扮演了"戒尺"的角色，它以翔实的行为规范与程序约定，丈量着每一个公民的言行举止；"德"在社会治理文化中被标榜成为一种超脱的存在，在不断地强化这种存在对于个人、社会乃至国家的重要性的同时，引导着人们的行动和价值观念；最终整套社会治理体系以实现个人的"仁"为归依，为每一个人树立起了行动范式。由此，中国古代社会的整套治理体系，浩瀚瑰丽的画卷便呈现在我们眼前。

　　在当代社会背景下，我们细品如"德礼为政教之本，刑罚为政教之用"这样的法治理念时也不难体会，中华法系对于社会治理，立足于标本兼治的层面，寄希于实现社会的"大治"。尽管这些理念在如今看来已经难以应对当代复杂的社会生活实际，以及变化万千的社会互动关系，然而，以史为鉴、鉴古明今，其对当代全面深化改革与推进依法治国战略所具有的深远意义是不容忽视的。借鉴古代的法治智慧，从博大精深的国学文化中抽取内核，寻找最适宜我们当代中国的法治建设之路无疑是科学和理性的。

本书以国学经典著作中的法治理念与名言警句为蓝本，遴选出从先秦至明清历代圣贤的法治智慧，将其进行分门别类，并对之进行注释与翻译，又辅以相关国学常识、国学故事增进读者理解，再以现实启悟为讨论环节引发读者共鸣。

本书作为"全国干部传统文化与执政智慧培训教材"书籍的重要组成部分，以党员领导干部为阅读对象进行编写，为领导干部切实学习传统的法治文化提供了一个条理清晰又启悟性强的读本，寄希望于通过本书能为奋战在执政与执法一线的干部提供系统的执法方略，引发相关实务部门的共鸣，并求教于同仁。

目 录

>> 第一篇　礼法治国

一、以礼法治天下 ……………………………………… 3

　【国学常识】礼乐起源，天下为公 …………………… 6

　【国学故事】孔子尽礼，奉为圭臬 …………………… 8

　【现实启悟】礼法合治——当代法治之路的必然 …… 9

二、法为天下之公法 …………………………………… 11

　【国学常识】礼之大成 ………………………………… 14

　【国学故事】伯禽趋跪　敬遵礼数 …………………… 16

　【现实启悟】国无德不兴，人无德不立 ……………… 16

三、法之威严不可侮 …………………………………… 18

　【国学常识】以礼成法，以刑明礼 …………………… 21

　【国学故事】利义不双生　子贡好心办坏事 ………… 22

　【现实启悟】先治人后治法 …………………………… 23

四、法治愈于人治 ……………………………………… 25

　【国学常识】三次飞跃终成礼 ………………………… 27

　【国学故事】决讼只为公平 …………………………… 29

　【现实启悟】礼义廉耻的现实意义 …………………… 30

五、法治以礼治为旨归 ………………………………… 31

　【国学常识】礼之伦理 ………………………………… 34

　【国学故事】仁义重于利 ……………………………… 35

　【现实启悟】仁治——中国的法治精神 ……………… 36

>> 第二篇　尺度条规

一、因人以作法 ································· 41
　【国学常识】三尺法在　举国知威 ········· 45
　【国学故事】法当有常　国定民安 ········· 47
　【现实启悟】前事不忘　后事之师 ········· 47
二、制法当本末相参 ························· 49
　【国学常识】中华法系　德主刑辅 ········· 52
　【国学故事】以仁为本　法中有情 ········· 54
　【现实启悟】以民为本　国盛邦强 ········· 54
三、有法必依 ································· 56
　【国学常识】公正之法　国之重器 ········· 59
　【国学故事】依法惩子　法无例外 ········· 60
　【现实启悟】廉以养性　修德为官 ········· 61
四、无法则类举 ······························· 63
　【国学常识】断之以礼　春秋决狱 ········· 66
　【国学故事】君亲无将将而诛焉 ············· 67
　【现实启悟】法以类举　议事以制 ········· 67
五、法以信为本 ······························· 69
　【国学常识】内王外圣　诚信为本 ········· 72
　【国学故事】诚信为本　德才兼备 ········· 73
　【现实启悟】立法以信　法治彰显 ········· 74

>> 第三篇　德法相济

一、治国当明德慎罚 ························· 79
　【国学常识】仁者四心 ····················· 82

【国学故事】治民与驭马 …………………………………… 83

【现实启悟】满满正能量的以德兴国 ……………… 84

二、刑不厌轻，罚不患薄 …………………………………… 86

【国学常识】何为三族、九族 …………………………… 88

【国学故事】仁者无敌 ……………………………………… 89

【现实启悟】治大国如烹小鲜 …………………………… 90

三、执法当宽猛并济 ……………………………………… 92

【国学常识】"下马威"的由来 ……………………… 96

【国学故事】诸葛亮明智治蜀 ………………………… 97

【现实启悟】刚柔相济的现实需要 ……………… 98

四、持法当矜恕 ……………………………………………… 100

【国学常识】免死铁券 …………………………………… 103

【国学故事】违背孝道　大赦难容 ………………… 105

【现实启悟】但愿苍生俱饱暖，不辞辛苦出山林 … 106

五、执法当宽仁无私 ……………………………………… 108

【国学常识】为何要"明镜高悬" ………………… 110

【国学故事】执法以公，居心以仁 ………………… 111

【现实启悟】坦荡做人、谨慎用权 ………………… 112

>> 第四篇　法理人情

一、以法治代人治 ………………………………………… 117

【国学常识】节卦 ………………………………………… 119

【国学故事】德行胜过美玉 …………………………… 120

【现实启悟】"德"需顺应当下 …………………… 121

二、德治当中有人情 ……………………………………… 123

【国学常识】北辰 ………………………………………… 126

【国学故事】"居官八约" …………………………… 126

【现实启悟】为官乃修行 ……………………………… 128

三、可法外用情 …………………………………………… 129

【国学常识】为什么称坐牢为坐班房 ………………… 131

【国学故事】死囚四百来归狱 ………………………… 133

【现实启悟】情不越法 ………………………………… 133

四、原心以定罪 …………………………………………… 135

【国学常识】旅卦 ……………………………………… 138

【国学故事】执法原情聚人心 ………………………… 138

【现实启悟】原情执法有双刃 ………………………… 140

五、亲亲相隐有底线 ……………………………………… 142

【国学常识】《循吏列传》 …………………………… 145

【国学故事】管仲公私分明立国相 …………………… 145

【现实启悟】容隐是权力，但须守底线 ……………… 146

>> 第五篇　公正无私

一、亲疏贵贱皆断于法 …………………………………… 151

【国学常识】"法"之词源 …………………………… 153

【国学故事】郑成功执法如山 ………………………… 154

【现实启悟】法律面前　人人平等 …………………… 155

二、不为权势而挠法 ……………………………………… 157

【国学常识】约法三章　名垂千古 …………………… 160

【国学故事】楚庄王的茅门之法 ……………………… 162

【现实启悟】努力践行"三严三实" ………………… 163

三、诛不避贵，赏不遗贱 ………………………………… 164

【国学常识】治国当行　无为之为 …………………… 167

【国学故事】明慎所职，毋以身试法 ………………… 168

【现实启悟】依法治国无"法外之地" ……………… 169

四、执法罚当其罪 ……………………………………… 170

　　【国学常识】三口铡刀　明正典刑 ………………… 173

　　【国学故事】魔高一尺　道高一丈 ………………… 174

　　【现实启悟】权威不在重刑而在机制 ……………… 175

五、不因才而屈法 ……………………………………… 177

　　【国学常识】《法经》 ………………………………… 180

　　【国学故事】甄生获免，谁不觊觎 ………………… 181

　　【现实启悟】职务犯罪　功过不抵 ………………… 182

>> 第六篇　执法严明

一、执法须明正典刑 …………………………………… 187

　　【国学常识】《唐律疏议》 …………………………… 190

　　【国学故事】诸葛亮挥泪斩马谡 …………………… 191

　　【现实启悟】法之必行、执法如山 ………………… 192

二、断狱当以法为准 …………………………………… 194

　　【国学常识】《大明律》 ……………………………… 196

　　【国学故事】戴胄据法抗敕 ………………………… 198

　　【现实启悟】筑牢公正司法这道关键防线 ………… 199

三、不以至尊喜怒毁法 ………………………………… 201

　　【国学常识】韩非与"法治" ………………………… 204

　　【国学故事】张释之执法守正 ……………………… 205

　　【现实启悟】依法治国要抓紧领导干部这个

　　　　　　　　"关键少数" ………………………… 206

四、三尺之法绳四海之人 ……………………………… 208

　　【国学常识】管仲 …………………………………… 210

　　【国学故事】唐俭争棋　敬德护律 ………………… 212

　　【现实启悟】依三尺之律、绳四海之人 …………… 212

五、弹劾重罪不拘常规 ……………………………… 214

【国学常识】商鞅与商鞅变法 ……………………… 217

【国学故事】孙立节论情从法 ……………………… 218

【现实启悟】高悬重大决策终身追责的"尖刀" …… 219

>> 第七篇　执法为民

一、法以便民为本 …………………………………… 225

【国学常识】无讼理念的由来 ……………………… 227

【国学故事】民惟邦本，本固邦宁 ………………… 228

【现实启悟】把权力关进制度的笼子里 …………… 230

二、法治以惩恶护民为要 …………………………… 231

【国学常识】击鼓鸣冤 ……………………………… 234

【国学故事】薛存诚宁死不奉诏 …………………… 235

【现实启悟】司法要以打开百姓的"心结"为目标 … 236

三、以教化讼，使民不争 …………………………… 238

【国学常识】"五听"制度 ………………………… 241

【国学故事】以和为贵 ……………………………… 242

【现实启悟】熟人社会中的诉讼成本问题 ………… 243

四、轻罪可将功补过 ………………………………… 245

【国学常识】十恶不赦是指哪十恶 ………………… 247

【国学故事】李世民与魏徵的"缘" ……………… 248

【现实启悟】功过不相抵方为法治 ………………… 249

五、以法令禁约匡风俗 ……………………………… 251

【国学常识】古代的举报箱制度 …………………… 254

【国学故事】杀父之仇与杀人偿命 ………………… 255

【现实启悟】辩证继承、创新发展中国传统文化 … 257

>> 第八篇　行法用人

一、执法者须身先示范 ············· 261
【国学常识】察举制的昙花一现 ············· 265
【国学故事】不道是非，不扬人恶 ············· 266
【现实启悟】率先垂范转作风　以身作则正官风 ············· 267

二、执法者须精通律文 ············· 269
【国学常识】三司会审制 ············· 273
【国学故事】兄弟互讼　止争为先 ············· 274
【现实启悟】肩扛公正天平　手持正义之剑 ············· 275

三、执法者须刚直不阿 ············· 276
【国学常识】司徒、司马、司空是官职还是复姓 ············· 278
【国学故事】抗旨斩弄臣的"袁青天" ············· 279
【现实启悟】打铁还需自身硬 ············· 280

四、执法者当有仁德之心 ············· 282
【国学常识】何为大赦天下 ············· 284
【国学故事】戴公以身作则彰显仁德 ············· 285
【现实启悟】大足以容众，德足以怀远 ············· 286

五、执法者须明辨是非 ············· 288
【国学常识】惊堂木的渊源与发展 ············· 291
【国学故事】宋慈明断凶杀案 ············· 292
【现实启悟】保持忧患意识，保持清醒头脑 ············· 293

>> 第九篇　明察慎刑

一、冤狱当杜绝 ············· 297
【国学常识】监狱的渊源 ············· 300

【国学故事】以法为准　不从王愿……………………301

【现实启悟】治国以德治为先…………………………302

二、断狱当明察秋毫 ……………………………………304

【国学常识】中国古代刑罚的轻缓化…………………309

【国学故事】汉文帝废肉刑……………………………310

【现实启悟】轻刑罚促和谐……………………………311

三、断狱当明允 …………………………………………313

【国学常识】何为凌迟处死……………………………317

【国学故事】子产论政…………………………………318

【现实启悟】治国当"刚柔并济" ……………………319

四、可越次平冤狱 ………………………………………321

【国学常识】午时三刻开刀问斩的由来………………324

【国学故事】唐太宗包容有道…………………………325

【现实启悟】"人性化执法"该坚持 …………………326

五、刑讯不可滥用 ………………………………………328

【国学常识】古代律师趣闻……………………………332

【国学故事】负私恩明大义的孙叔敖…………………334

【现实启悟】司法为民维护正义………………………336

第一篇 礼法治国

　　"礼者，天地之序也"，"礼"乃天地之轴、人心所归。中华文明发展到今天，形塑国家、调节社会秩序、规范民众行为等的力量来源一直都依赖着"法"以外的存在，那便是"礼"。因此，解读"礼法天下"是了解和把握中华法治文明的开端。论及礼的源头，最早所指乃古代的宗教祭祀仪式，其目的单纯是"事神致福"。"礼"开始具有政治色彩以及社会强制力，则始于周公制礼时。从此，"礼"正式登上了社会生活的舞台，影响着人们的方方面面，其内涵可以说集天、地、神、鬼、人于一体，无所不包。

　　在中国社会发展的历史进程中不难发现，"法"的角色几乎全面被"礼"所取代，整个社会呈现出"无法但有刑"的局面。刑与法之间的关系遵循着"礼之所去，刑之所取，失礼则入刑，相为表里者也"，礼和刑相互呼应，礼是刑的灵魂。《唐律疏议》这样表述："德礼为政教之本，刑罚为政教之用，犹昏晓阳秋相须而成者也。"就是说，礼义教化是治理国家的基本方法，刑罚制裁只是辅助手段，他们之间就如早晚、四季交替一般，是相辅相成的。具体说来如《礼记·曲礼》所言："道德仁义，非礼不成，教训正俗，非礼不备。分争辨讼，非礼不决。君臣上下父子兄弟，非礼不定。宦学事师，非礼不亲。班朝治军，莅官行法，非礼威严不行。祷祠祭祀，供给鬼神，非礼不诚不庄。"表达的意思是道德仁义需要合乎礼的标准的行为才能得到认可；世俗的教化，没有礼就不可能完备；论辩争执没有礼的介入，就不可能解决；君臣、上下级、父子、兄弟之间的名分礼遇，没有礼便会乱套；求学拜师，没有礼便不会亲密融洽；稳固朝纲和整治军队，以及官员执法，没有礼就不能树立威严；因事祭祀和日常例行的祭祀、供养神鬼、若没有礼的程式，就不能体现虔诚和庄重。

一、以礼法治天下

（一）

【原典】

礼有三本^①：天地者，生之本也；先祖者，类之本也；君师者，治之本也。无天地，恶生？无先祖，恶出？无君师，恶治？三者偏亡，焉无安人^②。故礼，上事天，下事地，尊先祖，而隆君师。是礼之三本也。

——（战国）荀况《荀子·礼论篇》

【注释】 ①本：根本，本源，基础。

②焉无安人：焉，则；无安人，指人们不得安宁。

【译文】 礼有三个本源：天地是生存的根本，祖先是种族的根本，君长是政治的根本。没有天地，怎么生存？没有祖先，种族从哪里产生？没有君长，怎么能使天下太平？这三样即使缺失了一部分，百姓也不会有安宁。所以，礼上用来祭天，下用来祭地，尊崇先祖而推崇君主，这便是礼的三个根本内涵。

（二）

【原典】

礼者，人道之极也。然而不法礼，不足礼，谓之无方之民；法礼，足礼，谓之有方之士。

——（战国）荀况《荀子·礼论篇》

【译文】礼，是社会道德规范的最高准则。不遵循礼，不实行礼，就叫作没有原则的人；遵循礼，又实行礼，就叫作有原则的人。

（三）

【原典】

乐者，天地之和也；礼者，天地之序也。和①，故百物皆化；序②，故群物皆别。

——《礼记·乐记》

【注释】①和：和谐，和畅。
②序：秩序，有序。

【译文】乐，代表了天地间万物最和畅的情态；礼，代表了天地间万物最有秩序的情态。能获得和畅，所以万物自然滋生化育；能拥有秩序，所以万物井然有别，各得其宜。

（四）

【原典】

故礼义也者，人之大端①也，所以讲信修睦而固人之肌肤之会，筋骸之束也。所以养生送死事鬼神之大端也。所以达天道顺人情之大窦②也。故唯圣人为知礼之不可以已也，故坏国，丧家，亡人，必先去其礼。

——《礼记·礼运》

【注释】①大端：最根本点。
②大窦（dòu）：最基本的情理。

【译文】礼义是做人的头等大事。人们用礼来讲信用，维持和睦，使彼此团结得就像肌肤相接、筋骨相连一样。人们把礼作为养生送死和敬事鬼神的头等大事，把礼作为贯彻天理、理顺人情的重要渠道。所以只有圣人才知道礼是须臾不可或缺的，因此，凡是国亡家破身败的人，一定是由于他先抛开了礼，才落得如此下场。

（五）

【原典】

夫礼必本于天，动而之地，列而之事，变而从时，协于分艺^①；其居人也曰养，其行之以货力、辞让、饮食、冠昏、丧祭、射御、朝聘。

——《礼记·礼运》

【注释】①协于分艺：和各种各样的事情相契合协调。

【译文】天理运行而赋予万物的就是命，它是取法天理，礼出自于天，应用于地上，就成为庙堂、乡党的不同；罗列于事物中，就成为吉、凶、军、宾之分；演变就依照四季的更替，并且必须合于分界。体现在人身上便是理性之"义"，借助财货、物力和辞让精神来推行，具体表现为饮食、冠、婚、丧祭、射、御、朝、聘等项礼仪。

（六）

【原典】

故圣人所以治人七情，修十义，讲信修睦，尚辞让，去争夺，舍礼何以治之？

——《礼记·礼运》

【译文】所以圣贤要协调人们的七情、修正十义，讲究诚实，提倡亲睦，推崇辞让，摒弃争夺，除了礼制还有什么好办法吗？

（七）

【原典】————————————————————

道德仁义，非礼不成，教训正俗^①，非礼不备。分争辨讼，非礼不决。

————《礼记·曲礼上》

【注释】①正俗：使动用法，使风俗端正。

【译文】道德仁义，没有礼就不能得到体现；教育训导，使风俗端正，没有礼就不能完备地推行。分辨事理，判明诉讼，没有礼就不能正确地裁决。

（八）

【原典】————————————————————

富贵而知好礼，则不骄不淫；贫贱而知好礼，则志不慑^①。

————《礼记·曲礼上》

【注释】①慑：胆小的意思。

【译文】富贵的人懂得爱好礼，才不至于骄傲而淫侈；平常百姓懂得礼，他的心里就不会卑怯而手足无措。

【国学常识】

礼乐起源，天下为公

中华文明自古以来就被称作礼乐文明。"礼"是中华文明所特有的、数千年文明史中一以贯之的要素之一，也是中华文明区别于其他古代文明的重要特征。2008年北京奥运会开幕式上的击缶（fǒu）表演，生动地再现了中国古代的礼乐文明。礼乐的内涵不仅仅是音乐和礼仪那么简单，我们从中依稀能体会到《道德经》中"人法地，地法天，天法道，道法自然"这一千古密语的哲学内涵。和谐而不混乱，是乐内在的精神；让人欣喜欢爱，是乐的功能。中正无邪，是礼的本质；庄重恭顺，是礼的职能。社会没有秩序，就会陷入混乱；社会没有和谐，人心就会涣散。

2008年北京奥运会开幕式使用的缶

根据《礼记·礼运》所言，礼之初，犹若可以致其敬于鬼神。《说文·示部》当中也认为："礼，履也。所以事神致福也，从示从豊（fēn）。"如此说来，礼是一种实践活动，是敬祀神灵从而获得神灵福佑的祭神活动。民智未开之时，人们面对未知往往倾向于神灵之说。在古人看来天地万物、日月星辰乃至四季变化冥冥中都有神灵在主宰。人们通过敬畏神灵转而对自然产生了崇拜和敬畏。祭祀的原意本是古人希望以特定的仪式和虔诚的心境对待自然与神灵，配之以庄重的舞乐、丰盛的美酒、多样的祭品及专制的器具，由此达到感动神灵、体会自然的目的。随着祭祀仪式的发展，礼仪逐步呈现多样化发展，如冠、婚、丧、射等礼仪习俗慢慢衍生出来。归根结底，这些仪式体现的是古人之间交往所遵从的法则，反映的是人们之间形成的共同遵守的社会文化心理，同时也是古人交往行动原发性的自然形态的表现。

那时大道行于世，天下人皆知为公，人们推选贤能的人来治理国家，讲究信用，和睦相处。老有所终，壮有所用，奸谋不兴，盗窃乱贼不作，称之为"大同"。到了夏、商、周三代，社会由"大同"进入"小康"，社会财富成为私家之物，国家政权也为一家所有，父死子继，因此诈谋和战乱不断。而此时的夏禹、商汤、周文王、周武王、周成王、周公以礼治理乱世，使天下复安，他们是"小康"时代最杰出的人物。到周幽王、周厉王时礼制衰微。孔子根据这种情况，论述了礼的重要、礼的起源，以及祭祀、死丧等各种礼节，以正君身，以治理社会。"大同小康"的学说对后世发生过相当重要的影响，创建"大同"世界成为人们美好的社会理想。

【国学故事】

孔子尽礼，奉为圭臬

孔子（前551—前479），春秋时期鲁国人，父母曾为生子而祷于尼丘山。他出生时头顶又是凹下去的，故名丘，字仲尼。孔子作为崇尚礼制的典型代表，其尽礼的故事颇多。据说孔子小时候善于模仿，常和其他小孩组织在一起模仿祭祀方面的礼仪。当他听到母亲讲述周公吐哺、制礼作乐的故事后就表示立志要当周公那样的人。

孔子当上官员后，服侍君主、与同僚沟通都遵循着礼数，不卑不亢、态度中和。孔子的日常行为，如入宫门进庙宇等都严谨地遵循着该有的礼仪。事无巨细遵守礼制成为了孔子遵礼的最大特征，生活中的孔子神态温和中透露着严肃；其外表威严却不流于刚猛。

孔子个人的造诣突出表现在其培养学生因材施教方面，他以其在音乐方面的造诣将古代流传下来的三千多首诗歌进行整理后，精选了 305 首，并将它们编成了《诗》，后人称为《诗经》。他一生完成了《诗》《书》《礼》《乐》《易》《春秋》六部经典的编修工作。孔子以这些经典为教材，精心传授学生，培养了大量的卓越人才。

【现实启悟】

礼法合治——当代法治之路的必然

随着社会文明不断进步，古代中国的"礼"，逐渐成为一套建构完备、层次丰富的制度与文化的综合体系，这一体系涵盖政治、法律、宗教、伦理和社会制度等多重内容。从本质上说，礼所反映的是社会民众交往行动中道德精神体系的合集，被世人认可的精神追求与被世人接受的行动规范相结合便成为礼的核心所在。就这一点来说，礼与法具有惊人的一致性。因此，也出现了中国古代道德法律化的典型倾向，道德与法律在治国方略的争夺上上演了一出又一出的博弈。道德法律化以及法律的道德化呈现出相互渗透的局面，然而从侧重点来说，道德强调的是人们内在精神的修养，法律偏重的则是外在的客观条件的制约。道德层面的要求需要人们激发自省意识，规制层面的要求需要人们心存畏惧。

从治理国家的方式来说，古代社会以礼为纲，以礼治为主要内容，通过道德层面的宣扬与教导，规范民众的行为，调节民众之间的矛盾。中国古代这种提升国民精神素养的追求，深刻体现了我国古人治国的智慧。从社会发展的脉络来看，礼治也在不断地修正和完善，"仁、义、礼、智、信"逐渐被国人广泛接受为应当秉持的道德规范。中国素来以礼仪之邦的形象展现在世人面前，古代的道德体系在当下宣扬的社会主义核心价值体系建设中具有新的时代价值。

习近平同志在主持政治局第十八次集体学习时提及并强调的"礼法合治、德主刑辅""为政之要莫先于得人、治国先治吏""为政以德、正己修身"等治国思想，对"德"与"法""人"与"政"的关系的思考，无不在强调中国传统文化中礼治的重要性，同时也为我们依法治国这一重大方略提供了新的思维和视角。

二、法为天下之公法

（一）

【原典】

礼以体政，政以正民。是以政成而民听，易则生乱。

——（春秋）左丘明《左传·桓公二年》

【译文】礼仪是政事的骨干核心，而政事就是要用来端正百姓的。所以政事需要依据礼来行使，百姓才会服从，相反就会发生动乱。

（二）

【原典】

礼，国之干也……礼不行则上下昏，何以长世。

——（春秋）左丘明《左传·僖公十一年》

【译文】礼，是国家的躯干……礼不能实施，全国上下就会陷入混乱，国家又如何能长治久安？

（三）

【原典】

礼，经^①国家，定^②社稷，序^③民人，利后嗣者也。

——（春秋）左丘明《左传·隐公十一年》

【注释】 ①经：使……长久。
②定：使……安定。
③序：使……有序。

【译文】 尊礼，使国家变得长久，使社稷变得安定，使人民变得有序，使后代得到好处。

（四）

【原典】

礼起于何也？曰：人生而有欲，欲而不得，则不能无求。求而无度量分界，则不能不争；争则乱，乱则穷。先王恶其乱也，故制礼义以分之，以养人之欲，给人之求。使欲必不穷于物，物必不屈于欲。两者相持而长，是礼之所起也。

——（战国）荀况《荀子·礼论篇》

【译文】 礼是在什么情况下产生的？荀子说：人生来就有欲望，如果不能满足他的欲望，就会有所索求。如果索求无度，没有标准，就会发生争斗；有争斗就会产生混乱，产生混乱就会导致穷困。古代的君王厌恶混乱，就制定礼仪，划分等级，节制人们的欲望，满足人们的要求，使人们的欲望不会因为物资的不足而得不到满足，而物资也不会因为满足人们的欲望而消耗殆尽。使物质和欲望两者相互制约，保持长久的协调发展，这就是礼的起源。

（五）

【原典】

安上①治民，莫善②于礼。

——秦汉《孝经·广要道章》

【注释】 ①上：原意应指君主，在此与治民相对。
②善：比……更好。

【译文】 稳定社会，治理人民，没有比礼法再好的了。

（六）

【原典】

礼之所兴，众之所治也；礼之所废，众之所乱也。

——《礼记·仲尼燕居》

【译文】 礼兴盛，那么国家治理得也会繁荣稳定，礼被废弃，则国家就会混乱崩溃。

（七）

【原典】

礼以养人为本，如有过差，是过而养人也。刑罚之过或至死伤。

——（东汉）班固《汉书·礼乐志》

【译文】 礼以培养人为根本目的，如出现过错，虽有错，却培养了人。而刑罚出现过错，或许会致人死伤。

（八）

【原典】

三纲五常，天理民彝①之大节，而治道之本根也。

——（南宋）朱熹《朱子全书》

【注释】①民彝（yí）：旧指人与人之间相处的伦理道德准则。

【译文】三纲五常所列，是关乎天道人伦的大事，是治理社会的根本。

【国学常识】

礼之大成

儒家经典《周礼》《仪礼》《礼记》是礼制的大总结，成为各个朝代制定法律的原则、民众行为的准则和社会价值观念的精髓。"三礼"中，《周礼》最有条理；《仪礼》最古奥；《礼记》最杂乱。"三礼"是中国礼乐文化的理论形态与礼制的渊薮（sǒu），确立了两千年来中国社会以礼为核心的组织形态，对中国历史产生了重大影响。

随着社会的发展，特别是国家产生以后，礼俗开始了分化。除去宗教祭祀充满宗教色彩的部分，普通民众的日常生活同样还留存了一部分礼俗。另一部分则被统治者加以改造，通过强调上下尊卑关系，进一步强化王权以及特殊阶层的地位和权威。原本无阶层、无差别的礼治思想随着这种分化也呈现出严格的等级分化。社会逐步呈现出"礼不下庶人""刑不上大夫"的畸形心态。礼治所蕴涵的制度规范越来越受到当政者的重视。所谓"凡治人之道，莫急于礼"，礼在政治中起着主导作用。

天坛祈年殿。天坛为明、清两代帝王祭祀皇天、祈五谷丰登之场所

从礼的外在表现形式来看，它既表现为复杂的礼仪制度，又是中国古代社会长期存在的、旨在维护宗法血缘关系和宗法等级制度的一系列精神原则和言行规范的总称。对于治理天下而言，礼是一整套体现社会等级秩序的复杂的礼仪制度。礼的核心是维护贵贱上下、尊卑长幼、男女有别的等级秩序，而这些等级秩序是通过许多复杂的典章、制度、规矩、仪节体现出来的。从具体的礼仪形式方面看，"礼"通常有"五礼""六礼"和"九礼"之说。在中国古代社会，处于不同社会地位的人，其生活方式各不相同，并表现为不同的礼仪制度。这些礼仪制度的作用就在于明辨等级制度以达到社会的和谐稳定。

"五礼"包括吉、嘉、宾、军、凶五个方面的礼仪。其中吉礼是指祭祀之礼；嘉礼是指冠婚之礼；宾礼是指迎宾之礼；军礼是指行军作战之礼；凶礼是指丧葬之礼。"六礼"一般是指冠、婚、丧、祭、乡饮酒、相见六个方面的礼仪。冠是指成年之礼，乡饮酒是指序长幼、睦邻里之礼。"九礼"包括冠、婚、朝、聘、丧、祭、宾主、乡饮酒、军礼等礼仪。其中"朝"礼是指诸侯朝觐之礼，"聘"是指诸侯之间聘享之礼。

【国学故事】

伯禽趋跪　敬遵礼数

西周初年，周公与其子伯禽之间有一趣闻。据说伯禽跟周公的弟弟康叔去见自己的父亲周公，但是去三次，被周公痛打三次。伯禽自认为自己没有犯错却受到了父亲的责打，很是疑惑。伯禽决定去问商子为什么父亲要责打他。商子听闻他的诉说后说："南山的阳面有一种树，叫作桥木；北山的阴面有一种树，叫作梓木。你怎么不去看一看呢？"

伯禽为了一探究竟，听从了商子的话去找寻桥木和梓木，结果发现——桥木长得很高，外形呈现出昂首的姿态；梓木却长得很低矮，呈现出俯身的姿态。伯禽将他的发现告诉了商子。商子就对伯禽说："桥木仰起，就是做父亲的道理；梓木俯着，就是做儿子的道理。"商子的话其实就是告诉伯禽，按照礼数，儿子见到父亲应当谦逊，而父子关系就应当如桥木和梓木一样。

伯禽深受商子的启发，后来再去见父亲周公时，一进门便快速向前跪在周公面前。周公见到儿子的行为后颇为欣慰，并称许伯禽受到了君子礼数的教育。

【现实启悟】

国无德不兴，人无德不立

习近平同志在与北京大学师生座谈时讲道："一个人只有明大德、守公德、严私德，其才方能用得其所。修德，既要立意高远，又要立足平实……踏踏实实修好公德、私德，学会劳动、学会勤俭、学会感恩、学会助人、学会谦让、学会宽容、学会自省、学会自律。"此外，习近平同志还认为当代社会主义"核心价值观，其实就是一种德，既是个人的德，也是一种大德，就是国家的德、社会的德。国无德不兴，人无德不立"，并提出在新时期应该引导人们向往和追求讲道德、尊道德、守道德的生活，让13亿人的每一分子都成为传播中华美德、中华文化的主体。

全面深化改革、调整经济结构、坚决反对腐败……走好民族复兴这个"爬坡过坎"的关键阶段，最要紧的，就是整个国家和民族始终保持一种奋发向上的精神。因此，习近平同志才多次强调道德建设，并将社会主义核心价值观的培育纳入国家治理体系，以此为现代中国人立立"主心骨"、提提"精气神"。今天当我们审视以礼治为表象并流传至今的传统道德文化时，应该抱有一种扬弃的态度，取其精华，重视并继承礼治所承载的那种古人圣贤期望人民能自省、自觉和自律的精神追求和处世价值。同时，应当摒弃礼制所营造的严苛的等级制度，杜绝"巳庵深云，龙生龙，凤生凤，老鼠养儿沿屋栋"这样的等级观念。

习近平同志还强调，面对传统文化基因，要"坚持古为今用"、争取"推陈出新"，此外还应当"有鉴别地加以对待，有扬弃地予以继承"。要处理好继承和创造性发展的关系，重点做好创造性转化和创新性发展。认真汲取中华优秀传统文化的思想精华和道德精髓，大力弘扬以爱国主义为核心的民族精神和以改革创新为核心的时代精神，深入地挖掘和阐发中华优秀传统文化讲仁爱、重民本、守诚信、崇正义、尚和合、求大同的时代价值，使中华优秀传统文化成为涵养社会主义核心价值观的重要源泉。

三、法之威严不可侮

（一）

【原典】

天网①恢恢②，疏而不失。

——（春秋）老子《道德经》

【注释】①天网：天道之网。

②恢恢：宽广的样子。

【译文】自然的范围，宽广无边，虽然宽疏但并不漏失。

（二）

【原典】

礼以行义，信以守礼，刑以正邪。

——（春秋）左丘明《左传·僖公二十八年》

【译文】礼仪用来推行道义，信用用来维护礼仪，刑律用来匡正邪恶。

（三）

【原典】

法者，治之端也；君子者，法之原也。故有君子，则法虽省，足以遍矣；无君子，则法虽具，失先后之施，不能应事之，足以乱矣。

——（战国）荀况《荀子·君道篇》

【译文】 法，是治理的依据；君子，是治理的本原。所以有了君子，法律即使简略，也足够用在一切方面了；如果没有君子，法律即使完备，也会失去先后的实施次序，不能应付事情的各种变化，足够形成混乱了。

（四）

【原典】

徒①善不足以为政②，徒法不足以自行③。

——（战国）孟轲《孟子·离娄上》

【注释】 ①徒：仅仅、只有。

②为政：处理政务。

③自行：自己实行。

【译文】 只有善德不足以处理国家的政务，只有法令不能够使它自行发生效力。

（五）

【原典】

礼禁未然之前，法施已然之后，法之所为用者易见，而礼知所为禁者难知。

——（西汉）司马迁《史记·太史公自序》

【译文】礼制的约束在于事情没有发生之前，法律的施行在于事情发生之后；使用法律惩办人的作用显而易见，而使用礼制来约束人的作用却不容易觉察。

（六）

【原典】

礼节民心，乐和民声①。政以行之，刑以防之。礼乐刑政，四达而不悖，则王道②备矣。

——《礼记·乐记》

【注释】①民声：民风、民气。
②王道：帝王之术。当代可以将其理解为理想的境界。

【译文】用礼节制民心，用乐调和民气，处理政务时顺民情，用刑法来防止百姓做事不守礼。礼、乐、刑、政四者都能通行而不相悖乱，帝王之术也就完备了。

（七）

【原典】

礼不下①庶人，刑不上②大夫。

——《礼记·曲礼上》

【注释】①下：卑贱，鄙视。
②上：尊崇，重视。

【译文】礼不鄙视百姓，刑罚不尊崇大夫。

以礼成法，以刑明礼

"礼"的发展由夏至商，由商至西周，到西周初期时，周公"制礼作乐"，此时的"礼"已涉及极为广泛和丰富的内容，渗透到社会各个领域，并且具有强制性，形成了以"亲亲父为首"和"尊尊君为首"两大基本原则为核心的"礼治"体系，并逐渐演变成一种基于宗法血缘组织的世俗化的社会习惯法。由于礼和宗法体系紧密相连，在族权的保障下，以礼确定和维护宗法等级名分，因而具有很强的权威性和约束力，任何人不得触犯。同时礼又和血缘亲情相关，具有道德伦理的情感教化作用。礼与法密不可分，呈现出一种结合模式，为道德法律化奠定了最初的理论基础和社会根基。

在古代社会的漫长历史中，传统道德展示给我们的规范是极其庞杂的，源远流长，种类繁多，内容丰富，诸如忠、孝、仁、义、礼、智、信、温、良、恭、俭、让等。这些道德规范在传统道德中是有其严密系统的，其背后便是礼的支撑，所有的德均是从尊礼、守礼中引申而来，道德可以说是尊礼的外在表现形式。众所周知，道德对于社会民众的行为而言是缺乏强制力的，因此，古代社会中常强调报应，即便一个人做了坏事没有被当场惩处，但最终还是逃离不了天道的处罚，以此来期望人们自觉遵从道德规范，从而达到人人遵纪守法的境界。

"法"在不同的文化背景下，含义与地位有很大的差别。在古代中国，法的渊源有二：一是早期的部落战争引发了"刑"的出现，即刑律的源头。二是"礼"的形成与发展。刀光剑影、血雨腥风的战争以及温情脉脉、等级严格的礼都是法的渊源，于是，古代的法从产生之初起，就带有刑罚的残酷和礼的温和两种特性。冰火两重

河南洛阳孔子问礼遗址

天之间，成就了古代中国的"礼法社会"刑成为法的一部分，而非法的全部。儒家登上政治舞台之后，为了推行礼治，引礼入法，以礼为法，以刑保证礼的实施。

 【国学故事】

利义不双生　子贡好心办坏事

春秋时期各个诸侯国均有流民流亡在外变为奴隶的现象，鲁国因此制定了一条法律：不论是谁，只要愿意将在其他国沦为奴隶的鲁国人赎回鲁国，那么国家就会给他相应的赔偿和鼓励。这条法律一直实施了很多年，诸多流亡在外的鲁国奴隶也因这一法律得以重返故国。

孔子的弟子子贡是一个富有的商人，得知此事后，他在其他国赎回了很多鲁国人，但考虑到自己比较富有，有能力为国家承担赎人的费用，因而拒绝了国家给予的赔偿和奖励。孔子得知此事后大发雷霆，他大骂子贡做了件伤天害理的事，直接祸害了众多还没有被赎回来的鲁国同胞。

子贡甚是不解，孔子解释说凡事不过"利义"二字，鲁国之所以制定法律给予赔偿和奖励，无非就是希望以利来保障义的实施。人们把流亡的鲁国人赎回故国，不仅可以得到人们的赞许，更会因为国家赔偿和奖励而不受个人损失。如此便会形成良性循环，人们既可以做好事行善举将鲁国人赎回来，又可以获得国家的补偿，这条法律便成为一条善法。但是由于子贡的所作所为，必然使子贡得到更高的赞扬，由此也拔高了大家对于义的定义和要求。假如还有人赎回鲁国人而接受国家的补偿，人们便不会去赞扬他们了，甚至可能会嘲笑他们。

正如孔子担心的那样，自从子贡赎人且拒绝国家补偿后，很多人开始对鲁国的流亡奴隶视而不见了，因为他们不可能如子贡般有钱，也难以主动激发大义去赎人。自此，很多流亡的鲁国人难以重返故国。

【现实启悟】

先治人后治法

综观中华民族的道德传统，大致可以概括为以儒家道德体系的主张为主要内容，以道家、法家、佛家等其他学派的道德主张为补充，进而构成了一个几乎无所不包的行动规范体系。不仅对人的道德修养、价值观念以及意识追求方面提出了相关的要求和标准，同时又为民众的日常生活、行动准则、交往方式等提供了规范性的参考。这种以礼为核心，以提升社会公民道德素养为根本目的的礼治，深深地扎根在古代社会的法律体系中，因此也使得我们能切身体会到荀子那种看似缥缈的"有治人，无治法"的治国理念的意义何在了。

当前，这种治国理念对于我们全面深化改革，特别是响应党中央提出的依法治国战略，开辟新时期我国法治建设的新道路提供了良好的借鉴。这种以礼治为核心的法治手段，其突出的意义在于能够警醒我们，面对当前社会结构中所表现出来的利益格局的调整与冲突、社会矛盾的多元化、文化的多元化冲突、价值观念和体系紊乱等社会问题，单单依靠法治的强硬措施与暴力手段难以从源头改善人们的精神世界，此时所需要的是法治与礼治并行，以端正社会的价值体系为根本目标，以改善当代人的精神世界为手段，才能为改革提供源源不断的精神动力。

习近平同志在河南考察时的讲话就体现了治人之重要，其中治人的关键又在于当代领导干部道德修养的加强。各级党组织应当从选人用人考察德行入手，强化社会的道德力量，彰显当代社会德行的主要意义。党员干部则应当洗净铅华陶冶内心，注重自身道德素养的建设，有意识地为民众树立道德模范的典型作用。

习近平同志的讲话无疑深刻体现了法治精神和礼治精华融合于法治中国的崇高追求。的确，堂堂中国原本就以礼昭告天下其威严与肃穆，是古代中国人治理国家的智慧结晶。礼治的精髓与传统依旧深深地烙刻在每一个华夏子孙的心里。尽管当代社会实践要求我们以法治为核心构筑整套社会治理体系，礼治的优秀内涵仍然具有现实意义。礼治的作用在于服务于法治建设的需要，将一部分法治规范升华至道德层面的追求，以道德弘扬对当代国民的精神世界进行改造，对于现代法治建设，礼治的作用是不言而喻的。

四、法治愈于人治

（一）

【原典】

不学礼无以立①。

——春秋《论语·尧曰》

【注释】①立：立足。

【译文】做人要有礼貌，没有礼貌，是不能在社会及家庭中立足的。

（二）

【原典】

非①礼勿视，非礼勿听，非礼勿言，非礼勿动。

——春秋《论语·颜渊》

【注释】①非：不符合。

【译文】不符合礼教的东西不能看，不符合礼教的话不能听，不符合礼教的话不能说，不符合礼教的事不能做。

（三）

【原典】

礼以行①义，义以生利，利以平②民，政之大节也。

—— （春秋）左丘明《左传·成公二年》

【注释】①行：实行。

②平：安定。

【译文】礼用来推行道义，道义用来产生利益，利益用来使老百姓生活安定，这是治理国家的关键。

（四）

【原典】

礼义廉耻，国之四维，四维不张，国乃灭亡。

—— （春秋）管仲《管子·牧民》

【译文】礼义廉耻，是国家治理的纲纪准则。如果礼义廉耻不能得到推行，国家就会灭亡。

（五）

【原典】

人无礼则不生，事无礼则不成，国家无礼则不宁。

—— （战国）荀况《荀子·修身》

【译文】人不守礼就没法生存，做事没有礼就不能成功，国家没有礼则不安宁。

（六）

【原典】

人有礼则安，无礼则危。故曰：礼者不可不学也。

——《礼记·曲礼上》

【译文】 人际交往中有礼仪就可以安稳有序，没有礼仪就会混乱危险。因此说：礼是不可以不学的。

（七）

【原典】

礼尚①往来。往而不来，非礼也；来而不往，亦非礼也。

——《礼记·曲礼上》

【注释】 ①尚：重在。

【译文】 礼节重在相互往来。有往无来，不符合礼节；有来无往，也不符合礼节。在人际交往中，人与人之间应平等相待，互助互济。

 【国学常识】

三次飞跃终成礼

礼由单纯的习俗仪式发展成规范婚姻、血统、亲缘、君臣的行为规则，并逐渐制度化、强制化，先后经历了三次飞跃。

第一次飞跃：周公制礼。礼的系统化、规范化，始于西周的周公制礼。在西周初期，礼作为一种社会行为规范，其开放性愈来愈强。任何一种社会关系都随时可以成为礼所调整的对象，并为礼构

周公制礼作乐，敬德保民

建了德的世界观基础。由此礼完成了第一次飞跃。

第二次飞跃：礼被赋予仁的价值。周代发展到春秋时期，王室衰微，礼崩乐坏，孔子对于礼的发展的真正贡献是在周制的基础上，又挖掘出更加深远的意义及价值，于是使儒家之礼超越了当时的历史环境而呈现出理想化的趋势。这一意义的中心，即"仁"之观念。

第三次飞跃：孔子提出仁的观念后，由于其对于统治阶级的工具性作用，儒家传统与学派思想才真正开始兴盛。在孔圣人之后，能够通过文献记载追溯到的礼学大家当属孟子、荀子二人。其中荀子的"性本恶"思想直接将礼锤炼成了专制阶层控制民众的手段。"隆礼至法"等思想为当时中国结束战国，完成大一统局面奠定了普世价值。从制礼到隆礼的三次飞跃，直接导致礼治为汉代之后的复兴打下了基础。

决讼只为公平

康熙年间的清官于成龙曾因解决一起经济纠纷而被广为传颂，其断案的思想至今还被法律界所称颂。事情经过大致为：一老年女顾客在一月饼店买月饼，由于人多嘈杂，顾客坚持称已付了饼钱，而店家却坚称没有收到顾客给的钱。双方各执一词，一时之间众人也难以决断。按当时的物价而言，300文钱并不多，但双方各不服气，只好找到当时的县太爷于成龙，请他来决断。

于成龙了解了事情的原委后，深知纠纷双方并不是因为钱而发生争吵。然而于成龙深谙"为民父母"的儒家为政之道，并不嫌弃草民的锱铢必较而推诿不理。因此他详详细细地了解了各个当事人的情况，顾客的言谈举止和家庭情况都反映出她不是那种因为区区300文而耍诈使奸之徒。而店家则是百年老字号的月饼店，其店面声誉也有口皆碑。

这个案件与当下一些无法确定加害人和侵权人的案例一样，真实情形已经无法还原，证据也无从收集。于成龙断绝此案的手段极其简单却蕴涵着令人称赞的智慧。他坦诚表示300文钱到底落入谁手已经难以查明，要求顾客再支付300文钱对顾客而言显然不公平，而判决店家输了官司也有失偏颇，还可能会让一家有口皆碑的百年老店蒙受敲诈顾客的冤枉。

于是于成龙最后决定在场的所有目击者和围观的群众乃至于自己都"一人一文"，由此来凑足300文钱给店家，于成龙如此裁决的理由是"一人一文"并"不伤众人元气"，却可以避免对双方的明显不公。在无可奈何的情况下，做到了尽可能的公道。

【现实启悟】

礼义廉耻的现实意义

"礼"在成为法天下之名器之前，同样也经历了由量变到质变的过程，可以说，礼在社会调节所扮演的角色身上的核心价值是不变的，唯一变化的是其外延和表现形式。我们不禁要思考的一个问题是，随着"礼"体系的不断完善和修正，其社会治理功能不断得以强化的同时，到底"礼"最终的"大道"在咱们的人类文明中会走向何方？又是什么导致了当代"礼"在社会生活中逐渐消亡？对于当代中国社会而言，"礼"这个庞大的体系当中，哪些是我们应该恪守的道，哪些又是我们治国的良方呢？根据马克思主义思想带给我们的辩证视角来看，每个时代都应当有具有其时代特点的精神追求和价值观念。

当代中国的价值观念应当向何处引导呢？习近平同志在北京大学师生座谈会上的讲话中提到，"国有四维，礼义廉耻，四维不张，国乃灭亡"。一方面，我们看到古人的价值观念仍然闪烁着现实光芒；另一方面，中国当前倡导的富强、民主、文明、和谐，自由、平等、公正、法治，爱国、敬业、诚信、友善一系列当代社会主义核心价值观，其实质就是对于古代精神追求和价值观念的继承与发展。富强、民主、文明、和谐体现的是国家层面的价值需要；自由、平等、公正、法治等反映的是社会治理层面的价值追求；爱国、敬业、诚信、友善等实际就是对当代国人的个体层面提出的价值观要求。

五、法治以礼治为旨归

（一）

【原典】

颜渊问仁。子曰："克己复礼①为仁。一日克己复礼，天下归仁②焉。为仁由己，而由人乎哉?"颜渊曰："请问其目。"子曰："非礼勿视，非礼勿听，非礼勿言，非礼勿动。"颜渊曰："回虽不敏，请事斯语矣。"

——春秋《论语·颜渊》

【注释】①克己复礼：约束自己，使自己的言行和享受的待遇符合礼的严格规定。

②归仁：归，称的意思。可以理解为称仁，天下归仁在这里指的是达到一种理想的境界。

【译文】颜回（字子渊，又称颜渊）向孔子请教如何才能达到仁的境界。孔子回答说：努力约束自己，使自己的行为符合礼的要求。如果能够真正做到这一点，就可以达到理想的境界了，这是要靠自己去努力的，难道还取决于自己之外的其他人吗？颜回又问：那么具体应当如何去做呢？孔子答道：不符合礼教的东西不能看，不符合礼教的话不能听，不符合礼教的话不能说，不符合礼教的事不能做。颜回听后向老师说："我虽然不够聪明，但决心按照先生的话去做。"

（二）

【原典】

君子博学于文，约之以礼，亦可以弗畔^①矣夫？

——春秋《论语·雍也》

【注释】①畔：同"叛"，指离经叛道。

【译文】君子广泛地学习文化知识，并且用礼来约束自己，也就可以不离经叛道了啊！

（三）

【原典】

夫仁者，己欲立而立人，己欲达而达人。

——春秋《论语·雍也》

【译文】所谓仁，就是自己要立足，也让别人立足；自己要通达，也让别人通达。

（四）

【原典】

仁也者，人也。合而言之，道也。

——（战国）孟轲《孟子·尽心下》

【译文】所谓仁，意思就是人。人和仁结合起来，就是所说的道。

（五）

【原典】

不信仁贤，则国空虚；无礼义，则上下乱；无政事，则财用不足。

——（战国）孟轲《孟子·尽心下》

【译文】不信任仁人贤士，国家实力就会空虚；没有礼义，上下等级关系就会混乱；没有政事，国家财用就会不足。

（六）

【原典】

不仁而得国者，有之矣；不仁而得天下者，未之有也。

——（战国）孟轲《孟子·尽心下》

【译文】不仁的人统治一个国家，有这样的情况；不仁的人得到天下，是从来没有过的。

（七）

【原典】

不以仁政，不能平治天下。

——（战国）孟轲《孟子·离娄上》

【译文】不实行仁政，便不能把天下治理好。

礼之伦理

古代社会的"礼"说到底始终是围绕人这一永恒的主题展开的，回顾前文，不难发现"礼"既是人应该具有的外在的仪式、仪礼，同时又是内在的道德规范，并且代表着合理秩序的社会制度。

礼器——谷纹玉璧

由此可见"礼"不仅涉及个人待人接物的态度、言行举止的仪表，还关乎人能否在社会立足、事功目标能否实现、国家能否安宁等重要内容。"礼"既是人们辨明君臣关系、体现上下级管理、表现长幼区别等的标准和规范，同时还为这些标准与规范制定了明确的规矩与尺度。相比于其他群体性生活的动物而言，因为礼的存在，才使人与动物出现了本质的区别（人禽之辨）。

古代社会人们对于礼的敬畏与遵守，其实际意义不仅在于肯定了礼的威严，还在于通过礼治，使人们的社会属性得到了放大，自身的人格也得到了认可。道德的感召力有效地整合了古代社会，为人们奠定了一个等级鲜明、差异明显而又稳定和谐的社会生活环境。随着"礼"的不断发展，其强制约束性作用被逐渐放大，最终整个社会被伦理道德精神等不容抗拒的社会规范所笼罩。

仁义重于利

据《战国策·齐策》中记载："冯谖客孟尝君"一事讲述的是战国时期的齐国孟尝君礼贤下士，门下有众多食客。一个叫冯谖的食客在孟尝君家曾弹剑唱道："长铗归来乎，食无鱼、出无车、无以为家。"孟尝君得知后对于冯谖的要求无不满足。

有一次孟尝君想请门下熟悉理财算账的食客去薛城收债；冯谖主动请缨。临行前冯谖问道，假如欠款都收回来后是否需要购买些什么东西回来。孟尝君要求冯谖视情况而定，少什么就买什么。

冯谖到达了薛城后召集了所有债务人后，烧掉了借约，把借款都赐给了百姓，百姓齐呼万岁。办完后，冯谖马不停蹄地赶回孟尝君的住处，一大早就去面见了孟尝君。孟尝君见冯谖如此急切不知所为何事，便赶紧出来迎见。

孟尝君问所有的债款都收回来了没，冯谖回答说都已收齐。孟尝君称赞冯谖办事得力。接着孟尝君询问冯谖用借款为家里购买了什么东西，冯谖说按孟尝君缺什么就买什么的要求，考虑到家里牲畜满棚，美女如云，珍宝满目，实在是找不出缺少了什么。想来想去唯一缺少的可能就是义了，因此，他帮孟尝君买了义回来。

孟尝君甚是疑惑问义是怎么买的。冯谖说："您只有一块薛地，但是却不能爱护那里的百姓，还通过商贾的手段从百姓身上谋取利息。因此，我私自假传您的命令把借约烧了，百姓齐声欢呼万岁，这就是我给您买的'义'啊。"孟尝君得知后并不领情，敷衍道："好吧，先生算了罢！"

一年后，齐泯王因为孟尝君是先王的臣子而要他离开都城。孟尝君只好回到自己的封地薛城。走到离薛城还有一百里的地方，百姓扶老携幼，在大路上迎接孟尝君，整整有一天。孟尝君回头对冯谖说："先生替我田文买的义，竟在今天看到了。"仁义不像钱或物那样实在看得见摸得着，因此孟尝君对冯谖买仁义非常不高兴。当孟尝君被齐王贬回薛城时才认识到昔日失去的今天都加倍地得到回报，亦体会到"仁义重于利"之理。

【现实启悟】

仁治——中国的法治精神

回归到人的层面，抛开社会治理的功能不谈，"礼"作为古代社会这一至高无上的体系，对于个人而言，同样产生了巨大影响。我们不妨这样理解，当我们面对他人时，应该是"道德"的，当我们自省内心时，我们应该是一个"仁"（人）。基于对"道"的追求，儒家提出"礼"与"仁"的思想来建立社会基本制度，并对人们的社会交往行为提出普遍的形式化的规范，以安顿人们的现实生活。"礼"的制定保证社会的稳定有序，"仁"的倡导促进社会的安定和谐。"礼"与"仁"将政治强制与道德自觉相统一，构成儒家独特的伦理政治结构，实现了儒家治国安邦的政治目标。如果说"道"是儒家对人性超越向度的思考，那么"礼"与"仁"则是儒家对人性现实向度的表达。

几千年历史的发展证明，中国社会一旦道德废颓，人们失却了理想，再完备的制度也只能是一纸空文。中国近代史上的一系列变革，总是不了了之，重要的原因就在于理想与道德的危机始终未能解决，传统的优势无从发挥。只有共产党领导下的民主革命和社会主义革命除外，其之所以能取得胜利，就是因为发挥了"理想"的凝聚力与威力。中国实现"法治"体系的建设离不开道德体系的重建，只有如此，人们才能重新认识"法治"，更新传统"法治"观念，也只有如此，才能避免立法与执法的脱节，避免西方"法治"不良影响。

道德体系与法治体系的同建，意在使社会达到标本兼治，这一建设无疑是充满艰辛的，但却是必要的，因为这正是中国社会主义"法治"有别于传统，也有别于西方的特色之所在。

第二篇 尺度条规

礼法治国、条规束人，律法并非天然就存在。中国传统法律的出现，有其必然性。随着人类社会生产力的发展，原始部落的平等原则被打破，社会逐渐出现"分层"，男性在劳动和生活中占据主导地位，其中少数人控制、掌握了生活资料、资源，逐渐产生"权力"，甚至"特权"，如《史记·五帝本纪》中描述帝喾（kù）"执中而偏天下，日月所照，风雨所至，莫不从服"。为维护权力，必然产生"罚则"，《商君书·更法》记载"伏羲神农教而不诛，黄帝尧舜诛而不怒"，渐成刑罚；同时，战争对中国律法的产生也有着至关重要的影响。

夏商时代，以礼为治，形成"习惯法"，据《周礼·天官冢宰第一》云："不用法者，国有常刑"，孔子在《论语·八佾（yì）》中讲："周监于二代，郁郁乎文哉。"《左传·昭公六年》记载："夏有乱政而作《禹刑》，商有乱政而作《汤刑》，周有乱政而作《九刑》"，而后，"判例法"逐渐发挥重要作用。"判例法"是"法官造法"，它允许法官在遵循先例的总原则下，凭借法律意识和法律政策对案件进行裁判，实际上，中国古代最高的法官，即为皇帝。《左传·昭公六年》指出"临事制刑，不豫设法"。直至战国李悝著《法经》六篇，才正式打开了中国成文法发展的先河。"成文法"是按照人们"后天"的行为和实际功绩实行权力再分配的规则。唐代以后，法制完备，"以法治国"成为国策。统治阶级已积累了近千年的实践经验，在法律思想上逐渐成熟，出现"成文法"与"判例法"的有机结合，"法礼合治"，且要求"当时而立法"，实现"法家"和"儒家"思想的最大可能的融合。其中，荀况在《荀子·大略篇》中提出的"有法者以法行，无法者以类举"的思想成为后来法律发展的重要补充方式，促使传统法制逐渐完善，得以适应当时的社会发展需要。

一、因人以作法

（一）

【原典】

法者，所以兴功①惧暴②也，律者，所以定分止争也，令③者，所以令人知事也。

——（春秋）管仲《管子·七主七臣》

【注释】①兴功：（劝诫百姓行善积德）表彰和显扬国家政权的有功之臣和事。

②惧暴：镇压和威慑妄图反对和摧毁政权统治的人和事。

③令：指国家行政命令和政策。

【译文】所谓法，是用来提倡立功威慑行暴的；律，是用来明定本分制止争端的；令，是以颁行谕令和广而告之的方式让人们知道朝廷的命令和政策的。

（二）

【原典】

法者，见功①而与赏，因能而受②官。

——（战国）韩非《韩非子·外储说左上》

【注释】①功：功劳。

②受：通"授"，授予。

【译文】法律，面对有功劳的人，应当给予奖赏，对有能力的人，应当授予官职。

（三）

【原典】

法者，编著之图籍①，设之于官府，而布②之予百姓者也。

——（战国）韩非《韩非子·难言》

【注释】①图籍：图书。

②布：公布。

【译文】法律是编成条文的书籍，由专门的司法机构来执行刑罚，同时布告于百姓的制度。

（四）

【原典】

法者，宪令①著于官府，刑罚必于民心，赏存乎慎②法，而罚加乎奸令者也。

——（战国）韩非《韩非子·定法》

【注释】①宪令：法令。

②慎：谨慎守法。

【译文】所谓法，就是由官府明文公布，赏罚制度深入民心，对于谨慎守法的人给予奖赏，而对于触犯法令的人进行惩罚。

（五）

【原典】

当时而立法，因事①而制礼。

—— （战国）商鞅《商君书·更法》

【注释】①事：具体的事情。

【译文】根据当时特定、具体的时间来制定法律，按照当时具体的事情来制定礼仪。

（六）

【原典】

法令所以导①民也，刑罚所以禁②奸也。

—— （西汉）司马迁《史记·循吏列传》

【注释】①导：引导。

②禁：禁除。

【译文】法律条令是用来引导百姓规范行为的，刑法的罚则是用来禁除奸恶的。

（七）

【原典】

化外人①同类相犯此谓蕃夷之国，同其风俗，习性一类，若是相犯，即从他俗之法断之。异类相犯此谓东夷②主人与西戎③之人相犯，两种主人，习俗既异；夷戎之法，各又不等。不可以其一种之法断罪，遂以中华之政决之。

—— （唐）长孙无忌等《唐律疏议·名例》

【注释】①化外人：指外国人。

②东夷：东部的蕃夷国家，是对外族的一种不敬的称谓。

③西戎：西部的一个外族国家。

【译文】外国人同类侵犯是指蕃夷之国，他们的风俗相同，习性相类似，如果相互侵犯，就依据他们自己的法律来处理。不同类侵犯是指东部蕃夷国家与西戎国家的人相互侵犯，这两种人，习俗不同；两国之间的法律又各不相同。若不可用其中某一国家的法律来定罪，就以中华（唐朝）的法律来处理。

（八）

【原典】

唐之刑书有四，曰：律、令、格、式①。令者，尊卑贵贱之等数，国家之制度也；格者，百官有司之所常行之事也；式者，其所常守之法也。凡邦国之政，必从事于此三者。其有所违及人之为恶而入于罪戾②者，一断以律。

——（北宋）欧阳修等《新唐书·志第四十六》

【注释】①律、令、格、式：唐代法律中最主要的四种法律形式。

②戾（lì）：凶暴。

【译文】唐代的刑法有四种法律形式，即：律、令、格、式。令，是指规定尊卑贵贱等级的规定，适用于整个国家的制度；格，是指官员处理事情的法规；式，是指普遍遵守的一些法律。国家的政事，一定依据这三种法律形式。其他的违反法律、干坏事属于暴力犯罪的，全部依据律来裁断。

（九）

【原典】

又曰：凡诸侯之狱①讼，以邦典②定之；凡卿大夫之狱讼，以邦法③断之；凡庶民之狱讼，以邦成④纷之。

——（北宋）李昉（fǎng）等《太平御览·刑法部五》

【注释】 ①狱：刑事案件。

②邦典：即六典。

③邦法：即八法。

④邦成：国家成例，类似现代判例制度。

【译文】 又说：凡是涉及诸侯的刑事和民事案件，以国家的六典来判定；凡是涉及卿大夫的刑事和民事案件，以国家的八法来决断；凡是涉及百姓的刑事和民事案件，以国家的成例来化解纷争。

 【国学常识】

三尺法在 举国知威

《史记·酷吏列传》中记载西汉武帝时的廷尉杜周，断案不以现有法律制度为准，而是刻意迎合当时汉武帝的旨意，于是就有同朝官员责问他："君为天子决平，不循三尺法，专以人主意指为狱。狱者固如是乎？"《明史·翟銮传》也有宣称："不合三尺法，何以信天下。"清吴伟业在《感事》中说："老知三尺法，官为五铢钱。"那么，何谓"三尺法"？

在纸张发明以前，法律一般是铸在鼎上的，如前513年晋国的赵鞅、荀寅把范宣子制作的成文法铸在铁鼎上，公之于众，被称为"铸刑鼎"。但刑鼎很笨重，不利于流通。春秋时期，郑国大夫邓析便私造了"竹刑"，使竹简成为记载法律的主要材料。竹简有长短，

湖北云梦县睡虎地出土的竹简拓片

秦汉时，一般短简用于缮写传记、杂文，长简则用于缮写经典。而汉代的律令是记载在长简上的，但《盐铁论·绍圣篇》记载："二尺四寸之律，古今一也，盖律书以二尺四寸简，举其大数，谓之三尺。"所以，汉代人是举大数概略地把用于缮写律令竹简的长度叫作"三尺"的，并把"三尺法"作为法律的代称。宋代王观国《学林》认为："法律者，一定之制，故以三尺竹简书之，明示其凡目，使百官万民巡守之。故谓之三尺。"可见，古代多有将"三尺法"指代律法的习惯。

法当有常　国定民安

狄仁杰是唐朝有名的大臣，仕宦历经高宗、武后两朝。他在仪凤年间担任大理丞，一年之内审理积压案件判决了1.7万人，而且没有上诉声称冤屈的。当时武卫大将军权善才因不慎砍伐了昭陵的柏树而被判罪，狄仁杰上奏高宗，认为应当免去权善才的官职。唐高宗诏令立即处死他，狄仁杰又上奏说他虽有罪过，但不应当被处死。唐高宗听了后气得变了脸色，说："权善才砍了昭陵的柏树，是让我背上不孝的罪名，必须处以死罪。"左右群臣都示意狄仁杰退出宫廷，这时狄仁杰还是坚持说道："我听说冒犯龙颜，违抗君主，自古以来都是很难的事，我认为并非如此，如果处在桀、纣的时代，的确很难办；但如果处在尧、舜的时代，就容易做到了。我有幸遇到了尧、舜一样的贤君，所以不怕像比干那样被杀掉。陛下既然制定了法律，流放、处死等刑罚，都有其等级次序。难道犯下并非极刑的罪，却能下令处死他吗？法律如果没有固定的准则，那老百姓该怎么遵循呢？陛下如果一定要改变法律，请从今天开始吧。如今陛下因为昭陵的一株柏树而杀死一个将军，千载之后，人们会说陛下是什么样的君王？所以臣不敢奉命处死权善才，使陛下陷于无道之名中。"一番劝谏，既婉转得体，又顾全了高宗的面子，皇帝的态度才缓和下来，采纳了狄仁杰的观点，免予权善才一死。

前事不忘　后事之师

中国传统的法制，交融着"礼"与"法"的和谐，是"喻礼于法""法中有礼"的综合体现。《大戴礼记·礼察》篇："凡人之知，能见已然，不能见将然，礼者，禁将然之前；而法者，禁于已然之后。是故法之用易见，而礼之所为难知也。""礼云礼云，贵绝恶于未萌，而起敬与微渺。使民日徙善远罪，而不自知也。"《史记·太史公自序》说："夫礼禁于未然之前，法施已然之后，法之所为用者易见，而礼之所为禁者难知。"这些都是典型的描述。孔子对人性有基本判断："性相近也，习相远也。"他就是大法官，所以在西汉中期儒家代表人物董仲舒提出"春秋决狱"，又称"经义决狱"，主要用孔子的思想来对犯罪事实进行分析、定罪。孔子说："不教而杀谓之虐，不戒视成谓之暴，慢令至期谓之贼。"这些"礼"与"法"的交融，维护了当时社会秩序的稳定和朝代的绵延发展。

我们今天的法治，更重要的是要保护公民的合法权益。对违法乱纪的猖獗行为，依然应当"明察秋毫""严惩不贷"。党的十八大以来，以习近平同志为总书记的党中央，积极推进以法治国，习近平同志反复强调向历史借鉴经验教训，就是为了我们的生活和谐有序，我们的人民幸福安康，我们的祖国繁荣富强！在法治建设的道路上，我们应当吸收传统文化精髓，立足本民族特性和实践，走出我们自己的康庄大道来！

二、制法当本末相参

（一）

【原典】————————————————

有道之君，行法①修制②，先民服也。

—— （春秋）管仲《管子·法法》

【注释】①行法：施行法律。

②修制：建立、修订制度。

【译文】善于治国理政的君王，通过制定有效制度来管理国家，以达到众民皆服的目的。

（二）

【原典】————————————————

圣人立法以导民之心，各使自然。使生者无德①，死者无怨。

—— （春秋）文子《文子·自然》

【注释】①无德：表面上显得遵守法律，没有刻意显示德行。

【译文】圣人立下法律作为民众思想的向导，使民众各自自然发展。使人们活着不用刻意显示自己的德行，死后也没有什么怨恨。

（三）

【原典】

法不察民之情而立之，则不成^①。

——（战国）商鞅《商君书·壹言》

【注释】①成：通"威"，威信。

【译文】律法如果不是建立在体察民情的基础上，就不会有任何威信。

（四）

【原典】

圣人为法国^①者，必逆于世^②，而顺于道德。

——（战国）韩非《韩非子·奸劫弑臣》

【注释】①国：治国。

②世：世俗的喜好，看法。

【译文】圣人以法治国，必定违反世俗的喜好而顺应真理的要求。

（五）

【原典】

法生于义^①，义生于众适^②，众适合于人心，此治之要也。

——（西汉）刘安《淮南子·主术》

【注释】①义：道义。

②众适：大众百姓的生活需要。

【译文】法产生于公众的道义，而道义产生于公众生活的需要，且这种需要符合普遍大众的心愿，这就是治理国家的关键之处。

（六）

【原典】

立善法于天下，则天下治，立善法于一国①，则一国治。

————（北宋）王安石《周公》

【注释】 ①国：这里是指周朝时的诸侯国。每个这样的国，都是"天下"的一部分。

【译文】 在天下设立好法律制度，天下就会太平；在一国内制定好法律制度，一国就会太平。

（七）

【原典】

王安期作东海郡，吏录①一犯夜人来。王问："何处来？"云："从师家受书还，不觉日晚。"王曰："鞭挞宁越②以立威名，恐非致理③之本！"

————（南朝宋）刘义庆《世说新语·政事》

【注释】 ①录：逮捕，拘拿。

②宁越：战国时期人，勤奋学习，终于有大成就。

③理：应当为"治"。唐人一般避讳高宗李治的名讳所改。

【译文】 王安期任东海郡内史，吏役抓到一个犯夜禁的人。王安期问："从哪里来？"这个人说："从老师家听讲书回来，没有发觉天已经晚了。"王说："鞭挞像宁越一样勤奋学习的人来树立声威，恐怕不是达到社会清明安定的根本！"

（八）

【原典】

陛下即位以来，有绍兴①令，本末②相参，纤悉备具，凡人情有疑而事之难决者，揆③之于法，鲜不在焉。

—— （清）徐松《宋会要辑稿·帝系》

【注释】①绍兴：府、路名。南宋绍兴元年（1331 年）升越州置府，以年号为名。

②本末：本，法律本来的规定；末，当事人的具体情节。

③揆（kuí）：度量。

【译文】陛下从登上皇位以来，有绍兴令规定，（审理案件）应该将法律的原则性规定和当事人的具体情节相互参照，细节都考虑齐全，但凡从人情理解有疑问而事情难以判断的，以法律来度量，法律中很少没有规定的。

【国学常识】

中华法系　德主刑辅

中国古代传统的法律系统自成一系，被称为中华法系。中华法系以"出于礼则入于刑"为特征，法律思想随着社会主流道德的改变而改变。《大戴礼记·盛德》载："刑法者，所以威不行德法者也。"战国时李悝集诸国法典所著《法经》六篇，是中国最早的成文法典，其内容主要是刑事法律。商鞅接受《法经》入相于秦，改法为律；汉代萧何又参照秦律作《九章律》；三国时期的魏国参酌汉律改定刑制作新律十八篇，直至大唐贞观年间撰成《唐律》十二篇，正式形成了中国封建社会完整的法律体系。其后，宋朝的刑统、元朝的典章、明代的《大明律》、清代的《大清律》，大同小异。中华法系中刑法与民法不分，刑法与刑事诉讼法相混，直到清末筹备立宪变法，刑法才独立出来。清宣统二年（1910 年）十二月公布的《大清刑律》是中国历史上第一部现代意义上的刑法典（但因清政府的覆灭而未能施行），中华法系从此解体，而以大陆法系为蓝本的新刑法开始在中国施行。

《大清刑律图说》书影　清抄绘本

执法
治要

以仁为本　法中有情

中国古代以"仁"为官德之核心，作为统治者制定的规则，法律也直接受这一思想的影响，提倡"民本关怀"。被《宋史》评价为"宋良将第一人"的曹彬，伐后蜀、南唐，秋毫无所取，位兼将相，不以等威自异，生存于行伍，厮杀于战阵，但平时对人仁爱且多宽恕，平时绝不会草率判人死刑。他在任徐州知府的时候，有个官吏犯了罪，应当处以杖刑，但他却判决一年后才对罪犯执行杖刑。人们都不知道原因，曹彬说："我听说这人新婚，如果立即对他执行杖刑，他的父母就必然认为是这个媳妇不吉利而厌恶她，从而会日夜打骂折磨她，使她无法生存下去。这就是我判延迟杖罚的缘故。同时我还要依法办事，不能对他赦免。"大家顿生敬意，认为曹彬果然是爱卒爱民的仁爱之官。

 【现实启悟】

以民为本　国盛邦强

中国古代传统社会里，民本思想一直盛行。从殷周的"敬天保民"到春秋的"为政以德"，从战国的"民贵君轻"至汉唐的"国以民为本"等，始终生生不息，影响了一代又一代执政者的治国方略。殷商时代，社会生产力落后，民众崇拜天神，"殷人尊神，率民以事神"，但最终统治者还是认识到民众才是王朝兴衰存亡的关键因素。"桀纣之失天下也，失其民也。""君者，舟也，庶人者，水也。水则载舟，水则覆舟。"在人际关系处理中，更讲究民本思想。孔子讲要"仁者爱人"，墨子提出要"兼爱""非攻"，孟子说要有"恻隐之心"。他们思想上表现为爱民、重民。"民惟邦本，本固邦宁"，要求"重我民"。经济上主张富民、利民。"治国之道，必先富民。民富则易治也，民贫则难治也"。要求实行利民"富民"政策，使人民过上富裕的生活，反对贫富悬殊而加剧社会矛盾。民本思想肯定了民众在国家治理、社会生活中的基础地位和作用，淡化甚至是摒弃了唯神独尊、天神崇拜思想，否定了君权神授观念，是早期比较先进的思想；民本思想中主张的爱民、重民、顺民、富民利民政策和措施，如施行德治、仁政，"制民之产"的思想、节用的思想、反对贫富过于悬殊和社会救济与社会福利的思想，遏制了君欲的无限膨胀，在一定程度上限制了王权和维护民众的利益。

在我们振兴中华，实现民族伟大复兴的今天，我们更应该以民为本，确保人民当家作主的政治权利的实现和人民的富裕安全。加强经济建设，不断提高人民的物质生活水平。同时，兼顾社会公平，缩小城乡差距，防止贫富两极分化；关注弱势群体，保护弱势群体的利益，建立健全社会保障体系，完善社会保障制度。加强民主法治建设，保障人民当家作主的权利。与传统民本思想中的"民"不同，今天的人民是国家的主人。为保障人民当家作主权利的实现，应吸取传统重民思想无制度保障的教训，坚持和完善社会主义的基本政治制度，实现"法治中国"。

三、有法必依

（一）

【原典】

禁胜①于身，则令行于民；上不行法则民不从彼。

—— （春秋）管仲《管子·法法》

【注释】①胜：承受、承担，指施行。

【译文】禁令在（立法者）身上施行，则政令自然会在百姓身上畅行；立法者不以身作则，施行法律，则百姓也不会听从他们（而遵守法律）。

（二）

【原典】

刑①过不避大臣，赏善不遗匹夫②。

—— （战国）韩非《韩非子·有度》

【注释】①刑：惩罚。

②匹夫：平民百姓。

【译文】惩罚罪过不回避大臣，赏赐善行不遗忘百姓。

（三）

【原典】

言行而不轨^①于法令者必禁。

——（战国）韩非《韩非子·饰邪》

【注释】①轨：遵循、依照。

【译文】说话办事不遵循法律、命令，必然予以禁止。

（四）

【原典】

有事不避难，有罪不避刑^①。

——战国《国语·晋语》

【注释】①刑：刑罚，法律的惩罚。

【译文】遇到有麻烦或困难的事情，不要逃避，要敢于面对，如果犯了错，不论大小，都要去承认错误并接受法律的惩罚。

（五）

【原典】

法令至行^①，公平无私。

——（西汉）刘向《战国策·周秦》

【注释】①至行：卓越的品格。

【译文】法律命令最高的品格，就是公平没有私心。

（六）

【原典】

人臣之公，治官事则不营私家，在公门则不言货利^①，当公法则不阿亲戚，奉公举贤则不避仇雠^②。

—— （西汉）刘向《说苑·至公》

【注释】 ①货利：财物、好处。

②仇（qiú）雠（chóu）：仇怨、仇敌。

【译文】 臣子公正无私的标准在于，处理官府的事时不谋求私利，在衙门里当差不讨要好处，执法时不包庇亲人，推举人才时不回避仇人。

（七）

【原典】

法立，有犯而必施^①；令出，惟行而不返^②。

—— （唐）王勃《上刘左相书》

【注释】 ①施：施行惩治。

②返：通"反"，违反。

【译文】 法律一经订立，凡有违犯的人，必须实施惩治；命令一经发出，只有坚持执行，而不能违反。

（八）

【原典】

犯罪之人，皆有条制^①。断狱之法，须引凭正文。若不具引，或致乖谬^②。违而不具引者，笞^③三十。

—— （唐）长孙无忌等《唐律疏议》

【注释】①条制：条文制度。

②乖谬：不顺畅，错误。

③笞：古代的一种刑罚，用竹板击打的肉刑。

【译文】犯罪的人，必须按照条文制度来罚他。判决刑狱的法律，必须引用法律条文。如果不具体引用条文，就会有导致错误判决的情况发生。违反这一法律不具体引用条文的，处以笞三十下的刑罚。

（九）

【原典】

昔①先王议事以制，自中古以来，执法断事，既以②立法，诚不宜复③求法外小善也。若常以善夺法④，则人逐善而不忌法，其言甚于无法也。

——（唐）房玄龄等《晋书·刑法志》

【注释】①昔：过去，往昔。

②以：依据。

③复：又。

④夺法：超越法律。

【译文】过去的君主依据制度来讨论事情，自中古以来，执行法律决断事情，既然依据制定的法律，就不应该又来追求法外的小善行。如果常常因一些小善而超越法律，百姓就会追逐善行而不忌讳法律，这比没有法律还更糟糕。

【国学常识】

公正之法　国之重器

中国古代传统文化中，非常重视"公正"，认为公正是道德的崇高价值，也是法律的灵魂。儒家思想认为"公正无私""公平正直"是为人、处事、治世的高尚品德。孔子提出"不患贫而患不均，不患寡而患不安"的社会公正主张。孟子认为"公事毕然后敢治私事"是处理公私关系的基本原则。法家思想是最为深刻揭示公正与法的内在关系的思想。他们认为，法作为"天下之程式""万事之仪表""国之权衡"，乃是"公利""公义"和"公心"的体现，是和"私"相反的公共规范。法的基本价值是"义必公正"，提出法就应该"不避尊贵，不就卑贱"，法的基本功能就是通过"烛私""矫奸""易俗"而"明公道"，进而达到治世的目的，"公义行则治"。为此，韩非主张"以法治国"，并明确提出执法的根本原则就是"去私心行公义""去私曲行公法""法不阿贵，绳不挠曲。法之所加，智者弗能辞，勇者弗敢争。刑过不避大臣，赏善不遗匹夫。故矫上之失，诘下之邪，治乱决缪，绌羡齐非，一民之轨，莫如法"。他反复强调"治国者，不可失平也"。所以，"公正"是我国古代法律一直追求的崇高价值，亦是如此，法律才能真正成为民众愿意信任和遵守的规则。

【国学故事】

依法惩子 法无例外

特权思想是法治理念的最大敌人。古代封建社会不乏这样的例子，但也有不少严格依法断案的执法者，捍卫了法律的尊严。隋朝开国皇帝隋文帝的儿子中，有一位叫杨俊，他身为皇子，生活奢侈，目无法纪，又放债收高利息，使官吏百姓都大感痛苦。隋文帝派人调查他的事，受牵连而坐罪的有一百多人。即使如此，杨俊还是不知悔改，继续大修宫室，穷奢极欲。因其喜好女色，其王妃崔氏心生嫉妒，投毒于瓜，杨俊因此生病，后来隋文帝知道此事，便下令免去杨俊的所有官职，仅让其以王爷身份回到京城，并责罚他只许待在自己的王爷府中，不得跨出家门一步。

很多平时与杨俊关系不错的文臣武将都为杨俊求情，请求宽恕，但隋文帝说："我是五个儿子的父亲，更是一国之主！如果按照你们的意思，是不是要另外为皇子们制定一个特别的法律？周公当年能不顾情面，杀掉发动叛乱的管叔和蔡叔。我虽然远远不如周公，但我也不能作出有损法律尊严的事情来！"所以到最后也没答应他们的请求，杨俊仍然被依法惩罚。

陕西西安清凉山森林公园隋文帝雕像

【现实启悟】

廉以养性　修德为官

以铜为镜，可以正衣冠；以人为镜，可以明得失；以古为镜，可以知兴替。党的十八大后，廉政之风成为当下政坛的主流，"把纪律挺在前面"成为对当下共产党员为官的必要要求。近期《习近平关于党风廉政建设和反腐败斗争论述摘编》出版发行，其中第二个专题就是"党风廉政建设和反腐败斗争形势依然严峻复杂"。这是党对目前反腐败形势的科学判断。从一系列的反腐败成果来看，这个判断是正确的。王岐山同志也明确指出党风廉政建设和反腐败是一场输不起的斗争。我们党进行的党风廉政建设和反腐败斗争，有立场、有目标、有重点。全党要想取得这场战斗的胜利，全体党员就要先树立正确的价值观。廉政先廉心。抵制金钱的诱惑，不变节失贞，走上经济犯罪的道路，是每一位领导干部都必须面临的考验。同时我们要加强干部队伍建设。子曰："子帅以正，孰敢不正？"领导干部带头贯彻党的路线、方针和政策，当好人民公仆，干部队伍才能逐步培养起"尊廉抑腐"的自律观。

四、无法则类举

（一）

【原典】

有法者以法行，无法者以类举①。以其本②知其末，以其左知其右，凡百事异理③而相守④也。

——（战国）荀况《荀子·大略》

【注释】　①类举：类推，同类推导。

②其本：它的根本，它的基本原则。

③异理：不通的事理。

④相守：相互保持，相联系。

【译文】有法律条文规定的按照法律执行，没有法律规定的按照类推的办法适用。从事的基本原则就应知道它的细节，从事物的一个方面就能推知其另一方面，大凡百事尽管事理不同，却又相互联系。

（二）

【原典】

法不能独立，类①不能自行，得其人则存，失其人则亡。

——（战国）荀况《荀子·君道》

【注释】①类：案例。

【译文】法律和案例都不能自动实现治国理政的功能，法律和案例作用的实现依靠的是人才。

（三）

【原典】

兴国行罚，民利且畏；行赏，民利且爱。国无力而行知巧者必亡。

——（战国）商鞅《商君书·去强》

【译文】兴盛的国家，使用刑罚，民众以为对自己有利，而且心中畏惧；使用赏赐，民众也认为对自己有利，而且一心要得到。国家没有实力，却使用智谋和欺诈的办法，国家就一定会灭亡。

（四）

【原典】

决事比："其无条①，取比类②以决之。"

——（东汉）郑玄《周礼注疏》

【注释】①条：条文，规定。

②比类：可以用来作为比照类推的典型案例。

【译文】《春秋决事比》中说："如果法律没有明文规定，则依照可以比照类推的典型案例的做法来处理。"

（五）

【原典】

诸断罪而无正条①，其应出罪②者，则举重以明轻；其应入罪③者，则举轻以明重。

—— （唐）长孙无忌等《唐律疏议》

【注释】①正条：法律条文。

②出罪：不判处罪名。

③入罪：判处罪名。

【译文】如果判处某一罪行没有法律条文的依据，这一罪行不应当判处罪名的，引用比此更重的罪名条文以明白展示这一罪行更轻微；如果这一罪行应当判处罪名的，那么就引用更轻的罪名条文以明白展示这一罪行更严重。

（六）

【原典】

大率法外辅之以法而入于德①，刑外化之以德而省于刑②也。因又揣③知圣心图治大急④，得策则行，小弟诚恐前后致有不符之迹，故恭录已所窥见之治法，为前古罕有者，汇成小卷，以资圣治，以广圣闻。

—— （清）洪仁玕《资政新篇》

【注释】①入于德：增加德行。

②省于刑：节省刑罚。

③揣：揣测。

④大急：最急切的事情。

【译文】大都法律之外以法律来补充规定能够增加德行，刑罚之外以道德教化来补充能够导致刑罚省简。我揣测皇上当前最急切的事情是希望天下大治，治理天下必须依据策略而行，小弟我生怕有前后不一致的地方，所以已经记录了所见到的治理之术，这些是前代所少见的，结成一个小册子，作为陛下治理的参考，增长陛下的见闻。

【国学常识】

断之以礼　春秋决狱

　　春秋决狱是西汉中期儒家代表人物董仲舒提出来的，是一种审判案件的推理判断方式，主要用孔子的思想来对犯罪事实进行分析、定罪，即除了用法律外，可以用《易》《诗》《书》《礼》《乐》《春秋》六经中的思想来作为判决案件的依据。《春秋》是孔子修订的一部鲁国的编年史。春秋决狱主要是根据案件的事实，追究犯罪人的动机来断案。如果他的动机是好的，那么一般要从轻处理，甚至可以免罪。如果动机是邪恶的，即使有好的结果，也要受到严厉的惩罚，犯罪未遂也要按照已遂处罚。首犯要从重处罚。

河北衡水董子祠遗址

　　董仲舒有关的断狱案例还曾被汇编成十卷《春秋决事比》，在两汉的司法实践中被经常引用，对以后封建时代官吏审判案件起了指导作用，一般案件特别是民事案件，基层官吏审判时都是按照动机以及伦理道德来定罪量刑的，而不是严格依据法律制度来定罪量刑。当然，董仲舒所提倡的春秋决狱并不是唯动机论，这一思想也强调在考虑犯罪动机时，要同时考虑犯罪事实，然后按照首要犯、胁从犯，以及犯罪已遂和犯罪未遂来定罪量刑。

【国学故事】

君亲无将将而诛焉

古代官吏为论证自己的观点，喜欢引经据典，以先祖的行为证明当下的正确性。东汉开国皇帝刘秀死后，刘庄即位，即汉明帝。明帝永平二年（59年），明帝的弟弟广陵王刘荆犯谋反罪，明帝为此特派燕侯樊儵（shū）前往当地审理。经审理后，樊儵指控广陵王应当处以死刑，特向明帝上奏。明帝听后大怒，说："你们因为广陵王只是我的弟弟，便想要处以死刑，要是我的儿子，你们还敢这样判决吗！"樊儵虽然跪下但仍仰起头说："《春秋》的原则是，'君亲无将，将而诛焉'（对于君主和父亲不得有一点侵犯的企图，一旦有这样的企图就要被处死）。所以周公杀死了造反的弟弟，季友毒死了犯上的哥哥，经典上因此而褒奖他们的做法。我们因为广陵王是先帝特意嘱托陛下照顾的弟弟，陛下怀有圣心，特加恻隐，所以才特意上奏。如果是陛下的儿子犯这样的罪，我们就会直接处死了。"

【现实启悟】

法以类举　议事以制

生活的内容和形式是无限的，而法律的条文是有限的。要以有限的律法规束整个社会的生活，必然有"顾此失彼""漏网之鱼"的可能，且立法相对于实践生活，总有一定的滞后性。为解决此类问题，荀子明确提出了"类举"的思想，这是我国古代案例适用的先驱。荀子说："有法者以法行，无法者以类举，听之尽也。""类举"法律适用思想对后世产生了深远的影响。汉代把类似的案例称为"决事比",《汉书·刑法志》曰:"若今律,其有断事,皆依旧事断之,其无条,取比类以决之,故云决事比。"唐代是我国法制发展完备的时期,司法实务中对援引案例裁断案件秉持审慎态度。封建法典的典范《唐律疏议》明确规定:"诸断罪而无正条,其应出罪者,则举重以明轻;其应入罪者,则举轻以明重。"在唐律没有明确规定时,对"举重""举轻"的依据是相似案例。明清时,律与例并存,是古代案例适用的大发展时期,依据案例断案形成则例、成例。

荀子的"类举"法律适用思想在当代仍有借鉴意义。中国当下立法,如需取得良好实效,就必须切合中国传统实际。我国古代法律传统注重"道德",但改革开放以后,道德的单一体系已不复存在,一种多元化的道德体系已悄然而生。失去传统道德的法律,虽放之四海而皆准,但必然会留许多漏洞。比如,当下"老人跌倒,扶与不扶"居然成为大难题,小女孩被车撞,多人路过无人救助,这是法律问题,也是道德问题。该如何处理,是全社会都在关注和思考的问题。为追求法的"一致性"标准,最高人民法院已相继推出多批指导性案例,并开设、完善裁判文书网,法官在具体审判案件过程中要遵循已生效的判决案例,实现"相同案件相同处理"。通过这些具体、实在的个案宣传法律,使全国法官有法可循的时候遵循法律,无法可循的时候,有案例可供参考。

五、法以信为本

（一）

【原典】

信①，国之宝也，民之所庇②也。

——（春秋）左丘明《左传·僖公二十五年》

【注释】①信：信义，诚实守信。

②庇：生存、生活。

【译文】诚实守信，是治理国家的法宝，也是老百姓得以生存的基础。

（二）

【原典】

好恶形于心，百姓化于下①，罚未行而民畏恐，赏未加而民劝勉，诚信之所期也。

——（战国）管仲《管子·立政》

【注释】①下：行动。

【译文】（立法者的）好恶才在心里形成，百姓就化为行动，刑罚未施行而人民知道恐惧，奖赏未发而人民得到劝勉，这是实行诚信所期望的结果。

（三）

【原典】

用赏贵^①信，用刑贵正。

——（战国）王诩《鬼谷子·符言》

【注释】①贵：以之为贵，重在。

【译文】悬赏就应该兑现，即重在信誉；用刑就应该体现公正。

（四）

【原典】

君臣不信，则百姓诽谤^①，社稷不宁。

——（战国）吕不韦《吕氏春秋·贵信》

【注释】①诽谤：以不实的言论毁坏别人的名誉。

【译文】皇帝和大臣们不守信义，老百姓就会议论纷纷，甚至用不实之辞诋毁他人，国家就会不安宁。

（五）

【原典】

功同赏异则劳臣^①疑，罪钧刑殊^②则百姓惑。

——（东汉）班固《汉书·冯奉世传》

【注释】①劳臣：有功劳的臣子。

②刑殊：判刑不同。

【译文】功劳相同而奖赏不同，那么有功劳的臣子就会起疑；罪行一样而受到的刑罚不一样，那么百姓就会困惑。

（六）

【原典】

先自告^①反^②，告除^③其罪。

——（东汉）班固《汉书·衡山王传》

【注释】 ①自告：自首。

②反：谋反。

③除：免除。

【译文】 先自首承认谋反罪行的，对于自首者可以免除他的罪行。

（七）

【原典】

德礼诚信，国之大纲^①。

——（唐）吴兢《贞观政要·诚信》

【注释】 ①纲：总纲，纲领。

【译文】 德、礼、诚、信是治理国家的总的纲领。

（八）

【原典】

法者，国家所以布大信^①于天下。

——（五代后晋）刘昫（xù）《旧唐书·列传第二十》

【注释】 ①信：诚信。

【译文】 法律是国家用来向天下公布大信用的凭证。

（九）

【原典】

亲录囚徒，闽死罪者三百九十人，纵之还家，期以明年秋即刑。即期，囚皆谐满堂，无后者。太宗嘉①其诚信，悉原②之。

—— （北宋）宋祁等《新唐书·志第四十六刑法》

【注释】 ①嘉：善，以之为美。

②原：原谅，赦免。

【译文】 亲录囚徒的时候，曾将判处死刑的囚犯三百九十人全部释放回家，令其于第二年秋天返回监狱行刑，囚犯到期全部返回监狱，无一脱逃。太宗深为感动，下令全部赦免。

 **【国学常识】**

内王外圣　诚信为本

中国古代对个人境界的最高要求是"内王外圣"，而人之根本，却是"信"。司马光在《资治通鉴》中对"信"有专门论述："夫信者，人君之大宝也。国保于民，民保于信；非信无以使民，非民无以守国；是故古之王者不欺四海，霸者不欺四邻，善为国者不欺其民，善为家者不欺其亲……"古代社会对管理者或者君主在道德上要求很高，因为品质低下的人不可能在治理国家中遵循良性的规则。"暴君"自然有"暴政"，而"贤君"自然有"仁政"。

古代君主之所以要诚信，并不是要培养"诚信"这种个人的品质，而是要让"诚信"成为一种社会风气或者社会规则。因为君主如果对臣民不讲诚信，臣民就不会对君主讲诚信，这样一来，全社会就会上下相欺，左右相离，离亡国也就不远了。当下所讲的"诚信"，是建立在平等基础上的信任。既是对民众的要求，更是对政府

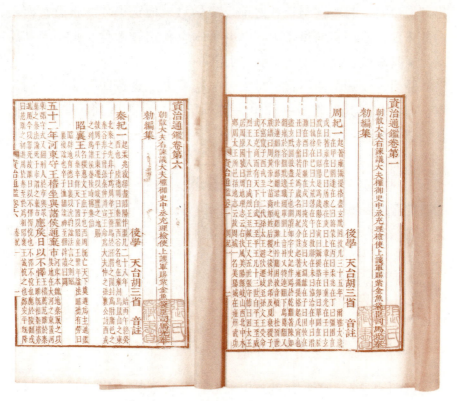

《资治通鉴》书影 清刻本

和其他社会组织的要求。

 【国学故事】

诚信为本 德才兼备

晏殊是我国古代著名词人。其创作的"无可奈何花落去，似曾相识燕归来"等千古名句，至今为人们所喜爱。但是，作为宋朝时的宰相，他一方面才能出众，14 岁便以神童入试，被皇帝赐进士出身，命为秘书省正字，官至宰相，另一方面，他也品德高尚，性格直率，生活俭朴，以诚为本，待人真挚，受到人民的普遍爱戴。他在被地方官作为神童推荐给朝廷时，得到了宋真宗的嘉赏。并且在出题考试时，因考试题目在之前已经做过，他觉得并非自己真实实力的体现，便如实向皇帝上奏，并请求重新出题考他。真宗受其感动，奖其真诚，授予晏殊秘书省正字。

随后，晏殊即便当官，每天办完差事也是直接回到家里闭门读书，而没有像其他官员一样出去游乐玩耍。皇帝听到后非常高兴，认为晏殊能在浮躁的社会中坚持学习，确实是可造之材，就钦点其至太子名下为官。但当皇帝表扬他时，晏殊却说："我不是不想出去游玩，只是实在因为家庭困难，没有余钱，所以才没有出去。皇上对我的夸奖，我是受之有愧的。"如此一来，皇帝倒更加觉得晏殊德才兼备，真挚诚恳，所以重用他，最后让晏殊成为一代"宰相词人"。

【现实启悟】

立法以信　法治彰显

诚信，早在中国古代就是用来形容人品和立身处世的原则，《论语》中记载有孔子的几句名言"言必信，行必果""言忠信，行笃敬""人而无信，不知其可也"，特别是孔子对子贡问政的回答中提出了"足食、足兵、民信"是国家得以维持统治之道，迫不得已可以"去兵、去食"，并给出了这样做的道理："自古皆有死，民无信不立。"这句话淋漓尽致地表现出诚信的重要价值，即诚信是立国之本，一个国家必须有人民的信任才能维持统治。

立法中，先讲诚信才能树立威信。这点认识其实早在两千多年前的古代中国已被先哲们付诸实践。商鞅"徙木立信"的故事便是明证。诚信原则在法律领域的持续扩张，以致不少学者认为，诚信原则不仅是民法的基本原则，而且是适用于一切其他法律部门的原则。诚信与法之间已然产生广泛而深刻的联系。

虽然时代有质的区别，但在维护社会诚信环境方面是一致的。

如果诚信环境迟迟不建立，讲诚信者不能得到体制激励，不讲诚信者未必受到体制惩罚，那么势必形成"劣币驱逐良币"的可怕态势，最终使诚信环境雪上加霜。而没有良好的诚信环境，管理者和被管理者相互缺乏明确的法律预期，互不信任的社会环境也将使得政府的行政管理付出极大成本。同样，难以想象一个依靠法律来治国理政的法治政府会建立在一个不讲诚信、缺乏秩序的社会基础之上，所以说诚信建设既是政府管理社会的需要，也是法治政府建设的题中应有之义。

第三篇 德法相济

细细品味中华文明"礼""德""仁"等构成的这个包罗万象的思想体系，这三者之间的关系呈现出"你中有我，我中有你"的现象，以至于我们很难一言以蔽之地区分开三者的不同。结合我们前文的讨论，"礼"构筑起了调控社会秩序、规范社会行为、约束社会成员的庞大体系。严格意义上来说，"礼"只是一种社会认同的主流意识，一种大家都认可的行为主旨，一种具有一定强制力的规范体系。而且"礼"只是一种由上至下的单向度的意识教化，它专注于防患于未然，与关注惩罚已成事实的"法"之间还存在着较大的不同。至少，我们可以这样理解：光依靠意识教化和道德宣讲，对于那些难以被教化的顽固分子而言显然是不够的。但是，我们可以肯定的是"礼"的无所不在，它对于古代社会整套"法"体系的渗透是不言而喻的。

　　在古代中国，伦理道德不仅仅成为制定法律的依据，其社会治理的效用甚至比"法"更加彻底。"德"旨在从根本上改良或者消除社会的不安定因素，与"法"结合起来达到标本兼治的目的。从历史的客观事实来看，上到天子诸侯，下达平民百姓，似乎都跳不出"三纲五常"这些儒家经典的伦理道德准则，凡是有意破坏这些准则的，无一不受到舆论的强烈谴责乃至刑罚的处置。在中国古代这种典型的熟人社会中，破坏伦理、践踏道德所带来的后果是严重的，这样的人往往无法在自己以往的熟人圈子中生存。

　　因此，把握古代社会的法治理念，其核心思想便是"以德治国"，即我们常说的"德治"。那个时期，道德、法律和政治是紧密、有机地联系在一起的，道德规范直接成为法律和政治的信条，这就为我们理解"以德立法"的初衷和目标奠定了基础。接下来，我们将进入"以德立法"的古代法律体系，一探"德"如何影响"法"的究竟。

一、治国当明德慎罚

（一）

【原典】

民不畏死，奈何①以死惧之。若使民常畏死，而为奇②者，吾得执③而杀之，孰敢？常有司④杀者杀。夫代司杀者杀，是谓代大匠斫，希⑤有不伤其手者矣。

——（春秋）老子《道德经》

【注释】　①奈何：为何。

②奇：作恶。

③执：抓捕。

④司：掌管。

⑤希：同"稀"，很少。

【译文】　如果人民饱受暴政的逼迫，到了连死都不怕的时候，统治者又怎能用死来威胁他们呢？若人民都畏惧死，一有人做坏事就被抓起来杀掉，那还有谁敢胡作非为呢？天地间，冥冥中有专司杀伐的力量，无须人代劳。如果人代替天实施杀伐，就好像一个不会工艺的人代替木匠做工一样，很少有不伤到手的。

（二）

【原典】

子曰："道①之以政，齐②之以刑，民免③而无耻；道之以德，齐之以礼，有耻且格④。"

——春秋《论语·为政》

【注释】①道：通"导"，训导、引导、领导的意思。

②齐：整治。

③免：避免。

④格：至，来，引申为归服。

【译文】孔子说："用政令来训导，用刑法来整治，老百姓知道避免犯罪，但并没有自觉的廉耻之心；用道德来引导，用礼教来整治，老百姓就会有自觉的廉耻之心，并且心悦诚服。"

（三）

【原典】

德不称位，能不称官，赏不当功，罚不当罪，不祥莫大焉。

——（战国）荀况《荀子·正论》

【译文】品德和地位不相当，能力和职务不相当，奖赏和功劳不相当，处罚和罪过不相当，没有比这更不好的了。

（四）

【原典】

恻隐之心，人皆有之；羞恶之心，人皆有之；恭敬之心，人皆有之；是非之心，人皆有之。恻隐之心，仁也；羞恶之心，义也；恭敬之心，礼也；是非之心，智也。仁义礼智非由外铄①我也，我固有之也。

————（战国）孟轲《孟子·告子上》

【注释】①铄（shuò）：渗透。

【译文】同情心，人人都有；羞耻心，人人都有；恭敬心，人人都有；是非心，人人都有。同情心属于仁；羞耻心属于义；恭敬心属于礼；是非心属于智。仁义礼智，不是从外部给予或者渗透的，而是自己本来就拥有的。

（五）

【原典】

人皆有不忍人之心①。先王有不忍人之心，斯有不忍人之政矣。以不忍人之心，行不忍人之政，治天下可运之掌上。

————（战国）孟轲《孟子·公孙丑上》

【注释】①不忍人之心：怜悯心，同情心。

【译文】每个人都有怜悯体恤别人的心。古代圣王由于有怜悯体恤别人的心，所以才有怜悯体恤百姓的政治。用怜悯体恤别人的心，施行怜悯体恤百姓的政治，治理天下就可以像在手掌心里面运转东西一样容易了。

（六）

【原典】

以力服人者，非心服也，力不赡①也；以德服人者，中心悦而诚服②也。

————（战国）孟轲《孟子·公孙丑上》

【注释】①赡：足够。

②诚：真心实意。

【译文】以武力征服人，人不是真正心服，而是力量不足，抵抗不住；以恩德服人，打心里的认同和喜悦，才是真心实意的服从。

（七）

【原典】

德为阳，刑为阴，德主生，刑主杀，天道是亲阳疏阴，任德远刑。

——（西汉）董仲舒《春秋繁露》

【译文】德属阳，刑属阴，德关注的是生，而刑关注的是杀，符合天道的做法应该是重视阳而远离阴，即专注德行而远离刑罚。

【国学常识】

仁者四心

孟子是孔子"仁政"思想的继承者和捍卫者。他开创性地提出了现在众人皆知的"性善论"。孟子认为，"恻隐之心""羞恶之心""恭敬之心""是非之心"这"四心"是人能够具备仁、义、礼、智四德的发端和内在根据。他进一步指出，人都有先天向善的天性，所以人会主动克己复礼求仁。基于这种人之初性本善的理念，孟子认为治国治民就是应该通过道德教化唤起人民内心的道德自觉，只有这样才能真正地实现治理天下的目的。也就是说，在孟子看来，道德的作用关系着国家兴亡。

治民与驭马

《论语正义》中，有一段孔子与卫文子的对话，对孔子的德治思想作了进一步的诠释。孔子认为统治老百姓就好像是驾马。如果用礼教来育化百姓，就好像是用缰绳来驾驭马，只需要把握好缰绳就可以让马按照驾马者的意图来行走、奔跑或者停止。而刑法则相当于马鞭，统治老百姓时用刑法就如同用马鞭驱赶马，而如果在用马

骑马人物图 唐 佚名

鞭驱赶马的时候不用缰绳来约束和匡正马的行为，马就很容易失去控制，甚至有可能把驾马的人从马上甩下来。听孔子这样说，卫文子则提出了疑问，他问孔子："如果是这样的话，为什么不左手握缰

绳，右手握马鞭来驱赶马呢？这样马不是会跑得更快吗？要是只用缰绳而不用马鞭，那马怎么会怕你听你的使唤呢？"尽管卫文子的话有一定的道理，但是孔子还是坚持他自己的理论，他认为只要善于使用缰绳，而且驾驭技术又好的话，是没有必要用鞭子来驱赶马的。这实际上是两种治理理念的对话，孔子代表的是以德治为主的儒家政治治国主张，他主张的是侧重于以道德和礼教约束民众的德治；而卫文子代表的是法治，是以政令、刑法为主来震慑百姓，这是法家政治的特点。但是，治理国家实际上是需要法治与德法并行的。

【现实启悟】

满满正能量的以德兴国

"以德兴国"是习近平同志在考察山东时提出来的，他将"德"和"兴"联系起来，进一步地强调了德治。从"以德治国"到"以德兴国"的治国方略的发展和升级，体现了"德"在我们国家和社会发展中的重要作用。因此，现代国家不仅需要健全的法制和法律，同时也需要高尚而健全的文化精神和道德伦理。

至此，我们已经看到古代社会的治理者们极其推崇道德的作用，甚至将它拔高到了一个衡量一切行为的标准的地步。我们能够明确地感受到古代社会道德法律化的影子。然而古代社会中以德为纲构筑的整套治国体系中难免有需要反思的地方，就拿我们中国人一贯以勤俭为美德来说，古代的生产力水平较为低下，统治者们不得不有意识地鼓励人民压抑个人欲望的生活方式。于是出现了如"为富不仁""君子喻于义，小人喻于利"这样的道德宣判，在那个社会中，追逐个人利益是需要付出道德上的代价的。然而，将这样的道德宣判直接引入今天的社会治理实践中来似乎是不妥的。"不患寡而患不均，不患贫而患不安"这样的德治理念与当代社会的高速发展所需要的激情与创造性是相悖的，这种思想所引发的"仇富""仇官"心态更是不可取的。我们应当在鼓励国人克勤克俭的同时，积极理性地表达自己的利益追求，充分发挥德的正能量，通过自身的努力去实现自己的目标，满足自身的需求。

二、刑不厌轻，罚不患薄

（一）

【原典】

德以柔中国①，刑以威四夷。

——（春秋）左丘明《左传·僖公二十五年》

【注释】①中国：指国中、国内。

【译文】用仁义道德来安抚国内，用刑罚武力来威慑国外。

（二）

【原典】

叛而伐之，服而舍之，德、刑成矣。伐叛，刑也；柔服，德也。

——（春秋）左丘明《左传·宣公十二年》

【译文】讨伐背叛者，赦免顺服者，德治、刑治就都形成了。讨伐背叛，是刑罚；安抚顺服，是德行。

（三）

【原典】

威有三：有道德之威者，有暴察之威者，有狂妄之威者。此三威者，不可不孰察也。礼乐则修，分义则明，举错则时，爱利则形，如是，百姓贵之如帝，高之如天，亲之如父母，畏之如神明，故赏不用而民劝，罚不用而威行，夫是之谓道德之威。

——（战国）荀况《荀子·强国》

【译文】威严有三种：有道德的威严，有严酷督察的威严，有放肆妄为的威严。这三种威严，是不可不仔细考察的。如果礼制音乐完善，名分道义明确，采取措施切合时宜，爱护人民、造福人民能具体体现出来。像这样，百姓就会像对待天帝那样尊重他，像对待上天那样景仰他，像对待父母那样亲近他，像对待神灵那样敬畏他。所以不用奖赏民众就能卖力，不用刑罚就能体现自己的威严。这就叫作道德的威严。

（四）

【原典】

设刑者不厌轻，为德者不厌重，行罚者不患薄，布赏者不患厚。

——（西汉）陆贾《新语·至德》

【译文】设立刑法以轻为初衷，提倡德行以重为初衷，施加刑罚时以轻为初衷，奖赏时以重为初衷。

（五）

【原典】

怀德者众归之，恃刑者民畏之。

——（西汉）陆贾《新语·至德》

【译文】心怀道德的人，人们会归顺于他；倚仗刑罚的人，人们只会畏惧他。

（六）

【原典】

法者，非天堕，非地生，发于人间而反以自正。

——（西汉）刘安《淮南子·主术》

【译文】法律不是从天上掉下来的，也不是从地里生出来的，它产生于人类社会，反过来又匡正人的行为。

【国学常识】

何为三族、九族

族刑的概念在古代有多种解释，主要是有三族、九族之分。三族一般指"父母、兄弟、妻子"。古代所谓的"夷三族"，本身便是一种极具任意性的滥刑。这种任意性一是表现在对象上，到底什么样的犯罪适用族刑，很难有统一的标准。统治者也不愿制定出统一的适用标准，而是由兴所致、心血来潮地临事议刑。只要最高统治者认为罪大恶极、必欲置之极刑、大开杀戒而后快的犯罪，都可能成为族刑的目标。任意性的另一方面，则表现在范围上。以族刑惩治重罪，意在斩草除根，以儆他人，法律上不预先划定范围，可以迎合统治者针对不同案件，因事因人而作出不同选择。

至于九族，一种说法是"上自高祖，下至元孙，凡九族"；还有种说法认为"九族者，父族四、母族三、妻族二"（沈家本：《历代刑法考·刑制考》)。其实，"九族"应为一虚称。在我们的文化中，"九"是最高之数。故九族之说恐非实指。而是概括性地包容与之有亲缘关系的所有宗支族系。在古代，九族之诛往往施之于重大政治犯罪，一旦大狱炼成，只要是与犯罪人沾亲带故，都将受到无辜

					六世祖					
				高祖姑	高祖	叔伯高祖				
			堂曾祖姑	曾祖姑	曾祖	叔伯曾祖	堂曾祖			
		从祖姑	堂祖姑	祖姑	祖父	叔伯爷	堂爷	从爷		
	族姑	从姑	堂姑	姑姑	父亲	亲叔伯	堂叔伯	从叔伯	族叔伯	
六服姐妹	族姐妹	从姐妹	堂姐妹	姐妹	己身	兄弟	堂兄弟	从兄弟	族兄弟	六服兄弟
	族侄女	从侄女	堂侄女	侄女	儿女	亲侄	堂侄	从侄	族侄	
		从孙女	堂孙女	叔伯孙女	孙子 孙女	叔伯孙子	堂孙子	从孙子		
			堂曾孙女	叔伯曾孙女	曾孙 曾孙女	叔伯曾孙	堂曾孙			
				叔伯玄孙女	玄孙 玄孙女	叔伯玄孙				
					六世孙					

九族五服称谓图

株连。

株连九族是古代刑罚族诛的一种，从古代族诛的实际情况看，古代九族应包括父族四、母族三、妻族二（这里的族人指直系亲属和配偶）。

（1）父族四：指自己一族、出嫁的姑母及其儿子一家、出嫁的姐妹及外甥一家和出嫁的女儿及外孙一家。

（2）母族三：是指外祖父一家、外祖母的娘家、姨母及其儿子一家。

（3）妻族二：是指岳父的一家、岳母的娘家。

【国学故事】

仁者无敌

在如今的陕西省彬县、旬邑县西南一带曾经有一个小小的国家叫豳（bīn）国，他们的国君叫古公亶父（dǎn fù）。当时，在豳国西北边上有个叫戎狄的国家，这个国家为了抢夺财物长期进攻豳国，但是得了财物之后，他们并不满足，总是反复前来骚扰，企图掠夺豳国的土地和人民。豳国的百姓被激怒了，他们纷纷要求打仗回击戎狄。

古公亶父得知这个情况以后，对他的百姓说："老百姓们拥护我，是希望我保护他们让他们过上安稳的好日子。而现在戎狄反复来攻打我们就是为了抢占我的土地和子民。老百姓在我这里和在他那里，只要生活得好，有什么关系呢？现在老百姓为了拥护我而去为了我打仗，这种用杀死别人的父亲或者儿子的手段去继续做君主的事情不是我愿意和忍心去做的。"后来古公亶父就学习他的祖先不窋（bù zhú，又读 bù kū），带着他的近亲和私属一起离开了豳国，迁徙到梁山西南的岐山之下定居。

古公亶父的这个举动被百姓们知道了，人们都觉得他是一个仁德的君主，从前豳国属地的人们纷纷扶老携幼地追随着古公亶父到岐山脚下来生活。不仅如此，人们还口口相传他的贤明，附近邻国的百姓听说有这样仁义的君主也都来归附于他。

【现实启悟】

治大国如烹小鲜

习近平同志出席金砖国家领导人第五次会晤前夕接受媒体采访时曾经这样说过："老百姓的衣食住行，社会的日常运行，国家机器的正常运转，执政党的建设管理，都有大量工作要做。对我来讲，人民把我放在这样的工作岗位上，就要始终把人民放在心中最高的位置，牢记人民重托，牢记责任重于泰山……要有'有如履薄冰，如临深渊'的自觉，要有'治大国如烹小鲜'的态度，丝毫不敢懈怠，丝毫不敢马虎，必须夙夜在公、勤勉工作。"

习近平同志在如此重要的场合所提到的"治大国如烹小鲜"出自老子的《道德经》，如今，它已经被包括习近平同志在内的众多的学者和政治家所引用，以此来表达自己的勤政之心。"治大国如烹小鲜"的意思就是治国要如同做一道新鲜的菜肴一样，不要操之过急地经常随意翻动；油盐酱醋要恰到好处，不要太咸，也不要太淡。除此之外火候也要适当。这并不是一件容易的事，对执政者、"掌勺者"来说无疑是一个很大的挑战。

现在有些政府官员为了政绩，盲目建设，无底线上项目不管生态环境是否会遭到严重的破坏，有些项目投入巨大却产出严重不足；有时制定的政策没经过周全的可行性分析，致使政策太过猛烈和粗暴，有时政令朝令夕改胡乱折腾，这些都是不遵守社会发展的自然规律，没有把握好发展的度的问题。习近平同志用这句"治大国如烹小鲜"很形象地道出了国家治理应该秉持的理念和精神，他认为无论是中央领导还是地方官员，都要科学决策，遵循科学发展观，把握好治理的度的问题。治国的"掌勺者"只有专业、负责、科学、有德性和修养，才能真正地治理好国家，烹好"小鲜"。也只有这样，我们的国家才可能真正循序渐进地改革，经济持续发展，老百姓安居乐业，才能真正实现国富民强、国泰民安。

三、执法当宽猛并济

（一）

【原典】

政宽①则民慢，慢则纠之以猛②，猛则民残，残则施之以宽。宽以济③猛，猛以济宽，政是以和。

——（春秋）左丘明《左传·昭公二十年》

【注释】①宽：宽容。

②猛：严厉。

③济：相辅而行。

【译文】施政宽和，百姓就怠慢，百姓怠慢就用严厉措施来纠正；施政严厉，百姓就会受到伤害，百姓受到伤害就用宽和的方法来安抚。宽和用来调节严厉，严厉用来调节宽和，政事因此而和谐。

（二）

【原典】

政以治民，刑以正邪。既无德政，又无威刑，是以及邪。

——（春秋）左丘明《左传·隐公十一年》

【译文】政治用来治理人民，刑法用来镇压邪恶。既没有仁德的政治，又没有威严的刑法，所以就走到了邪路上去。

（三）

【原典】

郑子产有疾。谓子大叔①曰："我死，子必为政。唯有德者能以宽服民，其次莫如猛。夫火烈，民望而畏之，故鲜死焉。水懦弱，民狎②而玩③之，则多死焉，故宽难。"

—— （春秋）左丘明《左传·昭公二十年》

【注释】①大叔：人名，郑定公八年（前 522 年），继承子产执政。
②狎：轻视。
③玩：玩弄。
④慢：轻慢。

【译文】郑国的子产得了病。（他）对子大叔说："我死以后，您必定主政。只有道德高尚的人能够用宽厚的政策使民众服从，其次的政策没有比刚猛更有效的了。比如烈火，民众望见就害怕它，所以很少死在其中的。水柔弱，民众亲近并和它嬉戏，就很多死在其中的，所以宽厚的政策难以实施。"

（四）

【原典】

慎罚者，并心①而虑之，众平然后行之，致刑错②也。

—— （秦）孔鲋《孔丛子·论书》

【注释】①并心：同心。
②刑错：不用刑罚。

【译文】 慎用刑罚，是指站在被处罚者的角度去考虑，大家都认为公平公正后再去实行，如此慎重，以致搁置刑罚不用。

（五）

【原典】

仲弓问古之刑教与今之刑教①。孔子曰："古之刑省②，今之刑繁。其为教，古有礼然后有刑，是以刑省；今无礼以教而齐之以刑，刑是以繁。《书》曰：'伯夷降典，折民维刑'，谓下礼以教之，然后维以刑折之也。夫无礼则民无耻，而正之以刑，故民苟免③。"

—— （秦）孔鲋《孔丛子·刑论》

【注释】 ①刑教：刑罚与教化。

②刑省：刑罚简约。

③苟免：暂且免除刑罚。

【译文】 仲弓向孔子请教古今刑罚与教化的问题。孔子说："古代刑罚简约，如今的刑罚繁重。在教化百姓方面，古代先用礼仪来规范百姓行为，然后才用刑法来整顿，所以刑罚较少；现在不用礼仪来教化百姓，只是用刑罚来统一整顿他们的行为，所以刑罚繁多。《尚书》记载：'伯夷颁布法典，以刑罚裁断百姓的诉讼'，先颁布礼仪、法则来教化百姓，然后才用刑罚来惩罚他们。不讲礼仪百姓就不知羞耻，只用刑罚来匡正百姓的行为，他们就只是暂时不违反法律避免刑罚而已。"

（六）

【原典】

疑罪从去，仁也；疑功从予，信也。

—— （西汉）贾谊《大政》

【译文】 怀疑一个人有罪，但是没有证据，就认为他没有犯罪，这是仁爱的表现；怀疑一个人有功，但是没有证据，就认为他真的立功，这是信义的表现。

（七）

【原典】

故《体论》云："夫淫泆①盗窃，百姓之所恶也，我从而刑罚之，虽过乎当，百姓不以我为暴者，公也。怨旷饥寒，亦百姓之所恶也，遁而陷之法，我从而宽宥②之，百姓不以我为偏者，公也。我之所重，百姓之所憎也；我之所轻，百姓之所怜也。是故赏轻而劝善，刑省而禁奸。"

——（唐）吴兢《贞观政要·公平》

【注释】 ①泆（yì）：放任。
②宥（yòu）：宽容。

【译文】 所以《体论》上说："奸淫盗窃，是百姓所痛恨的，我顺从百姓的心意处罚他们，即使过重，百姓也不会认为残暴，因为我是出于公心的缘故。怨旷饥寒，也是百姓所痛恨的，为了摆脱这种境遇而触犯法律，我体谅他们而宽大处理，百姓也不会认为是偏私，因为我是出于公心的缘故。法律重处的是百姓憎恶的事物，从轻处罚的是百姓所怜惜的。所以应该奖赏微薄却能鼓励善行，减轻刑罚却能禁止奸邪。"

（八）

【原典】

帝①注意刑辟，哀矜无辜，尝叹曰："尧、舜之时，四凶之罪止于投窜。先王用刑，盖不获已，何近代宪纲之密耶！"故自开宝②以来，犯大辟，非情理深害者，多得贷死。

——（元）脱脱等《宋史·刑法》

【注释】①帝：宋太祖。

②开宝：宋太祖的年号，968—976年。

【译文】宋太祖特别关心处以大辟的刑罚，怜悯那些可能的无辜者，曾经叹道："尧、舜的时候，犯四凶的罪只处以财物的处罚，使得他们变穷。先王们适用刑罚，一般不加诸于犯人自身身体，但为何如今法网如此之密呢？"所以，自开宝年以来，犯人处以大辟刑罚的，如果不是做了伤天害理的事，大多都会免于死刑。

 【国学常识】

"下马威"的由来

"下马威"一语出自《汉书·叙传》，班固在为祖先作传记时，记叙伯祖父班伯因定襄时局混乱，而自请担任定襄太守，定襄豪门大户"畏其下车作威，吏民竦息"。这里的"下车"，并非指从车上下来这个动作，而是指官员初到任。古人有用"下马""下车"表示官员到任的习惯，所以后来"下车作威"便被"下马威"代替。加上"下马威"读来顺口，意思简约明白，便广为流传。现代人普遍认为"下马威"一词就是第一次见面就出难题的意思。其实是指官吏刚到一地上任，就借故严厉处分下属，以显示威风。随着词语意思的转变，"下马威"从初到任时要对下属显示威风，到泛指一开始就向对方显示自己的威力。例如，清代李渔《蜃中楼·抗姻》就说："取家法过来，待我赏他个下马威。"

【国学故事】

诸葛亮明智治蜀

诸葛亮是刘备蜀汉政权的军师，他一直任丞相被封武乡侯。在治理蜀汉的初期，诸葛亮就主张严格法治，他主张中央集权打击地方割据势力，为此，他还制定了蜀汉的法典《蜀科》，并严格执法。这种严苛的治理措施引起了一些人的非议，有一些人则进言诸葛亮希望他实施温和的德政来笼络民心。比如，当时的尚书令、护军将军法正就上书诸葛亮建议推行温和的政策："从前汉高祖刘邦进入关中时，曾经约法三章，秦国百姓懂得了德政。希望您能逐步放松严刑峻法，以抚慰蜀汉百姓的愿望。"

诸葛亮纪念邮票小版张

诸葛亮并没有接受这种建议和主张，他认为此时蜀汉的情况与当时刘邦平定三秦时大不一样了，当时秦国是因为推行严酷的暴政，使得百姓怨声载道，不堪忍受，揭竿而起，使天下大乱。而汉高祖正是基于此才推行德政，以此来收复民心。而刘璋治蜀软弱昏庸，德政推行不了，刑法不严，造成君臣关系逐渐被颠倒。现在实行严格的法治，法治推行了，人们有了比较才知道什么是恩德，再用加官晋爵来施以恩典，人们才知道什么是荣耀。这种恩威并施的治理之道才能使得君臣关系明确，才能真正治理好国家。

为了稳定蜀汉政权，诸葛亮决定出兵云南、贵州和四川交界地区，讨伐叛乱。在出兵之前，他的参军马谡对他说："这个地方因为地势险要早就有了叛乱之心，不能用强攻，因为他们今天被武力征服，明天又会叛乱。只能用攻心之计，如果让他们心悦诚服了才是真正的征服。比起攻心之术，攻城、兵战都只能算是下策了。"诸葛亮接受了这个进言，他七擒孟获，却又七次释放了他，对他以柔克刚，恩威并施，从而平定了西南少数民族地区，为蜀汉政权的稳定打下了坚实的基础。自此以后，诸葛亮将这种宽猛相济、恩威并施的方法应用到蜀汉的治理当中去，取得了非常好的效果。

【现实启悟】

刚柔相济的现实需要

就如同道家的阴阳两极，凡事都有两面，中国古人很早就意识到了这一点，并一直在正反阴阳两面之间去求得平衡。而治理国家同样如此，也需要在仁政和严格法治之间取得平衡，如果失去平衡，偏重一方面，国家就不可能治理得很好，因为万事万物都是需要刚柔并济的，治理国家也同样如此。

治理国家的宽仁，并不意味着执政者的软弱。这实际上体现的是执政者的心胸和气度，德治、仁政都是为了征服人心，使得人心所向，达到"得民心者得天下"的目的；而严格依法治国，也并不意味着残暴，严格执法体现的是治国的决心和力度，是用强硬的手段去匡正社会越轨者和不法之徒的行为，肃清社会上的不良风气，使得百姓遵纪守法、公平买卖、平等竞争。

唐太宗李世民曾在《论政体》一文中说过："君，舟也；人，水也；水能载舟亦能覆舟。"治理国家管理百姓不可以任意为之，不可以用偏激、极端或者纠枉过正的方法去管理，但是同样也不可以完全放任不管。对百姓的管理和对国家的治理都需要刚柔并济，因为过分的宽大容易让人误以为软弱无能，从而任不法者横行，使得社会不安定，民怨沸腾；但是过分的严苛又容易导致民众的强烈反抗，"防民之口甚于防川"是历史上的经典教训。

因此，治国一定要刚柔并济，因为宽与猛相互补充调节，才可能避免在治国当中的不良后果，才能让人民心服口服地遵守法纪、安居乐业，使得国家顺利发展、兴旺发达。

四、持法当矜恕

（一）

【原典】

人君者宽厚慈众，不身传诛。

—— （春秋）晏婴《晏子春秋》

【译文】 君主应当宽厚仁慈，不亲自传令杀人。

（二）

【原典】

孔子曰："古之知法者能省刑，本①也；今之知法者不失有罪，末②矣。"又曰："今之听狱者，求所以杀之；古之听狱者，求所以生之。"

—— （东汉）班固《汉书·刑法志》

【注释】 ①本：根本。
②末：糟粕。

【译文】 孔子说："古时候懂法的执法者能减少刑罚，体现的是法律精神的根本；现在的执法者只要有罪就不放过，这是法律精神的枝叶糟粕。"孔子还说："现在判案件的人，想的是怎么让嫌疑犯死；古时候判案件的人，考虑的是怎么让嫌疑犯活（无罪假设）。"

（三）

【原典】

芝曰："夫刑罪之失，失在苛暴。今赃物先得而后讯其辞，若不胜掠，或至诬^①服。诬服之情，不可以折狱^②。且简而易从，大人之化也。不失有罪，庸世之治耳。今宥所疑，以隆易从之义，不亦可乎！"

—— （西晋）陈寿《三国志·魏书·司马芝传》

【注释】①诬：诬告。

②折狱：断狱。

【译文】司马芝说："刑罚实施的过失，在于苛刻残暴。如今先得到赃物后询问口供，如果嫌疑犯不能忍受酷刑，有可能被屈打成招。对这种因为诬告而服罪的情形，不可以凭此断罪。而且法律应当简单和容易服从，这是掌权者应当奉行的教化呀。让犯有罪行的人不逃脱，这是庸世的治理思维。现在宽宥证据不足的嫌疑犯，以使得简单的法条张扬，信从大义，也是很好啊！"

（四）

【原典】

躬家世掌法，务在宽平，及典理官，决狱断刑，多依矜恕^①。

—— （南朝宋）范晔《后汉书·郭躬传》

【注释】①矜恕：怜悯、宽恕。

【译文】郭躬一家世代掌管法律，务求宽容公平，等到做了法官，审案判刑，大多秉承同情宽恕的原则。

（五）

【原典】

凡听讼理狱，必原父子之亲，立君臣之义，权轻重之序，测浅深之量。悉其聪明，致其忠爱，疑则与众共之。疑则从轻者，所以重之也。

——（唐）吴兢《贞观政要·公平》

【译文】 凡是审理案子，都要按照父子的亲情，依照君臣的情分，权衡轻重先后，测量深浅程度。展现自己全部的聪明才智，将忠君爱民之心发挥到极致，如果有疑问就和大家一起商讨。存在疑问就从轻量刑，这就是对刑法的慎重。

（六）

【原典】

圣人在上，使天下畏而爱之，悦^①而服之者，由乎理大罪^②、赦小过也。

——（唐）白居易《白居易集·策林》

【注释】①悦：高兴。

②理大罪：处理大罪行。

【译文】 圣明的君主处于上位，使得天下百姓敬畏并且爱戴他，心悦诚服的原因在于圣明的人会严厉处罚一些大的罪行，赦免一些小的过错。

（七）

【原典】

大柄，在惠与威，二者兼行，废一不可，惠而罔①威则不畏，威而罔惠则不怀②。

——（唐）陆贽《陆贽文集·收河中后请罢兵状》

【注释】 ①罔：无。
②不怀：不感恩。

【译文】

治事的大权在于恩惠和威严，两者缺一不可，给予恩惠没有威严，百姓不会产生敬畏之心，只有威严没有恩惠，百姓不会产生感恩之心。

 【国学常识】

免死铁券

在明朝，皇帝给大臣最高的奖赏就是免死铁券，其作用是将来大臣犯法（谋反罪除外），锦衣卫去家里杀人的时候，只要你没丢掉（估计也不会有人丢），而且在刀砍掉你脑袋之前拿出来，就可以免除一死。很多的大臣为脑袋考虑，费尽心思想搞到一张，因为无论什么金券银券都没有这张铁券顶用，那些有幸拿到的，就会放在家里的大堂供起来，逢人来就会展示给对方看，似乎有了这张铁券就有两个脑袋。

免死铁券获得者及其下场：

李善长：免死铁券两张，己身免死两次，子免死一次。结局：全家七十余人同时处死。

丹书铁券　免死金牌

徐达：世袭免死铁券一张。结局：相传朱元璋当年怕徐达威胁朝廷，赐他一大碗烧鹅吃。徐达因为对烧鹅敏感，所以平日不吃烧鹅。但皇帝所赐，又不能不吃。结果在涕泪交流之下，把朱元璋所赐的烧鹅全部吃完了。之后全身溃烂而死。另一说法是徐达生瘤，不能吃鹅，朱元璋偏赐烧鹅，徐达知朱元璋的意思，把朱元璋所赐的烧鹅全部吃完而死。吃烧鹅不一定死，但皇帝赐烧鹅就是赐死。所以还有人说他吃完鹅没有死，于是服毒自尽了。

蓝玉：世袭免死铁券一张。结局：灭门，株连一万五千余人。

邓愈：讨吐蕃病卒，世袭免死铁券一张。结局：长子因李善长案，坐奸党诛。

明朝皇帝发放免死铁券三十四家，本人不被杀，子女也没有卷入胡蓝两案者寥寥无几，能平安渡过二劫，又不是因靖难而被杀的，只有两家：

汤和：晚年益为恭慎，入闻国论，一语不敢外泄。二子皆卒于军，孙及曾孙早夭。

华高：远镇海南，无后。

违背孝道　大赦难容

　　孔渊之是刘宋孝武帝大明年间的尚书比部郎，在他担任尚书比部郎期间，有一次在安陆郡应城县发生了一起命案。有一个叫张江陵的人和他的妻子吴氏一起辱骂他自己的母亲黄氏，并恶毒地叫她去死。使得黄氏悲愤交加上吊自杀了。这件事情在社会上产生了极其恶劣的影响，人们纷纷要求重判这个不孝子。但是案件发生之后，刚好碰上了天下大赦。

　　但是当时的法律条文是这样规定的：凡儿子杀死或打伤父母的，应该杀头；辱骂父母的，应该处以死刑；谋杀丈夫的父母，也应该处死刑。法律还规定，如果碰上了大赦的话，就可以免去原刑而重新量刑。张江陵辱骂自己的母亲，母亲因为他的辱骂而自杀，他的罪行比打伤父母要重，但是如果按照杀人的律例来处理，又感觉重了一些，毕竟他不是亲手杀死了母亲；但是如果仅仅用伤人或骂人的律例来处罚又肯定是轻了，因为这涉及人命。而所有的罪犯如果遇到大赦，就可能免去原刑重新量刑。原来的法律条文里只有殴打父母即使遇到大赦也仍旧杀头的律条，但是却没有辱骂父母致死碰上大赦该如何处理的法律条款。

　　对于这件事情，孔渊之进言孝武帝说："一个里弄的名字如果违背了伦理道德，仁慈的人都不会进去。而现在张江陵这件事情社会影响极其恶劣，他辱骂母亲，并使得母亲自杀，这是法理人情都不能原谅的。在法律条文中遇到了有从轻发落的条款，都是为了案件难以决断时不要错杀了好人和无辜的人，但显然不是张江陵这种情况。他即使是遇到了天下大赦这样的恩典时刻，我认为他也是不应该被赦免，而应该被杀头的。至于他的妻子吴氏，因为她并不是黄氏的亲生子女，因此爱公婆并不是她的天生属性，尽管辱骂婆婆并不道德也必须受到惩罚，但还罪不至死，导致黄氏自杀的原因主要她的儿子，因此，对吴氏可以免于死刑处罚另外议处。我认为这样处理是对健全法律有好处的。"

孝武帝认为孔渊之言之有理，并按照他的进言处理了这个案件。

【现实启悟】

但愿苍生俱饱暖，不辞辛苦出山林

习近平同志在《干在实处 走在前列·在检查节日市场供应和物价情况时的讲话》中说的，"但愿苍生俱饱暖，不辞辛苦出山林"出自于谦的《咏煤炭》，这句诗的本意就是于谦这个青史留名的官员以诗明志，愿意为百姓耗尽最后一滴血、最后一份热的写照。其实质是从"仁政"上升到"敬民""爱民"的层面。

习近平同志在河北调研指导党的群众路线教育实践活动时强调，我们党的根基在人民、血脉在人民、力量在人民。的确，中国共产党九十多年光辉历程也启示我们，只有坚定践行立党为公、执政为民的宗旨，才能使我们执政党从人民群众中获得巨大的精神力量和各方面的支持。在新的历史条件下，坚持群众路线全心全意为人民服务有着非常重要的意义。我们的党在执政位置上要面对各种各样的问题和诱惑，我们只有坚定地全面地贯彻党的路线、方针和政策，维护广大群众的利益，为人民服务，为百姓办事，为百姓谋福利，将本单位本地区建设好，才有可能让国家真正富强起来。

习近平同志认为实现中国梦必须要"紧紧依靠人民，充分调动最广大人民的积极性、主动性、创造性"。历史证明，人民是历史的创造者，也是我们实现中国梦的巨大力量源泉。领导干部一定要按习近平总书记的要求，做到"任何时候都把人民利益放在第一位，把实现好、维护好、发展好最广大人民根本利益作为一切工作的出发点和落脚点"。

五、执法当宽仁无私

（一）

【原典】

天公平而无私，故美恶莫不覆；地公平而无私，故小大莫不载。

——（春秋）管仲《管子·形势解》

【译文】上天公正没有偏私，因此无论美好、邪恶的，没有不在苍天覆盖之下的。大地公正没有偏私，因此不论万物形体是大是小，没有大地不能承载的。

（二）

【原典】

有法度之制者，不可巧以诈伪，有权衡之称者，不可欺以轻重，有寻丈之数者，不可差以长短。

——（春秋）管仲《管子·明法》

【译文】有了法度的裁断，人们就不能通过伪诈来取巧；有了权衡的称量，人们就不能利用轻重搞欺骗；有了寻丈的计算，人们就都能知长短。

（三）

【原典】

有法而行私，谓之不法。

——（战国）慎到《慎子》

【译文】　有法不依而徇私，这是违背法律的做法。

（四）

【原典】

夫立法令者，以废私也。法令行而私道废矣。私者，所以乱法也。

——（战国）韩非《韩非子·诡使》

【译文】　确立法令的目的是为了废止私刑。法令得以贯彻，私刑就必被废止。私刑是扰乱法令的罪魁。

（五）

【原典】

喜不可纵有罪，怒不可戮无辜。

——（三国蜀）诸葛亮《便宜十六策·喜怒》

【译文】　执政不可凭自己的喜怒，不能因为高兴而放纵有罪的人，也不能因为生气而牵涉无辜的人。

（六）

【原典】

立朝刚毅，贵戚宦官为之敛手，闻者皆惮之。人以包拯笑比黄河清。

——（元）脱脱等《宋史·包拯传》

【译文】由于包拯铁面无私，一年时间就把开封治得井井有条。权贵们都收敛了许多，一听到包拯的名字就怕，说要看到包公的笑脸比看到黄河水变清还难。

【国学常识】

为何要"明镜高悬"

古代，很多公堂之上都悬挂着"明镜高悬"的匾额。这实际上是源于一个典故，据《西京杂记》记载，刘邦攻入秦都咸阳，在巡视秦王室存放珍宝的仓库时，一面长方形的镜子引起了他的注意。

四川昭化古县衙内景

此镜正反两面都能照人。而且最为奇特的是如果女子心术不正，被它一照就会被发现胆特别大，心脏跳动也异于常人。据说秦始皇怕人怀有异心不忠于他，所以经常让女人们照这面镜子，发现谁的胆特别大，谁的心脏跳得很特别，就杀掉谁。

因为此镜功能奇特，后来人们以"秦镜高悬"来比喻当官的人明察是非，断狱清明。唐代诗人刘长卿在《避地江东留别淮南使院诸公》一诗中写道："何辞向物开秦镜，却使他人得楚弓。"后来，许多当官的人为了标榜自己的清正廉明，都在公堂上挂起"秦镜高悬"的匾额。由于人们对"秦镜"的典故不太熟悉，所以就将"秦镜"改为"明镜"，"秦镜高悬"便演变为"明镜高悬"了。

【国学故事】

执法以公，居心以仁

春秋时期，孔子有一个弟子叫高柴（字季羔），他生性忠厚憨直，虽然担任着卫国的刑官，但是他为官清廉，执法公正且具有悲悯之心。

一次，有人犯了法，季羔按刑法，下令砍去他的脚。而就在此事发生不久之后，卫国里发生了卫灵公之子蒯（kuǎi）聩称兵作乱之事，季羔因此事逃了出来。当季羔逃到城门口的时候，他发现守城门的人竟然是不久前被他砍掉脚的那个人。这个守城的人一看到季羔，不仅没有找机会抓他报复，反而三次指引季羔逃跑或者躲藏起来。前两次季羔因为守城人指引的缺口和小洞的逃亡方式不符合他认为的君子之风而予以拒绝，第三次守城人在搜捕的危急关头指引季羔躲到一间房子里避开了追捕，使季羔安全脱险。

季羔也对不久前被自己下令砍掉脚的守城人会在危难关头救自己而表示不解。他在离开之时向守城人问询原因，守城人回答道："您下令砍了我的脚，是因为我犯了罪，这是无可奈何之事。可那时，您按法令来治我的罪，叫行刑的人先砍别人的，再砍我的，是希望我能得到机会侥幸赦免。当时案情已经查明，罪行也已判定了，可要宣判定刑的时候，您那忧愁的样子，我都看在眼里了。我知道，这并非因为您对我有所偏爱，而是因为您是一个有道德修养的人，这便是我敬重您的原因。"

季羔的老师孔子后来听说了此事，禁不住赞叹道："季羔真是善于为吏啊，同样是执行法令，仁爱宽恕就可以树立恩德，严酷暴虐就要结成仇怨。秉公办事，仁爱存心，这是季羔的做法呀！"

【现实启悟】

坦荡做人、谨慎用权

从我们中华文明的传承和历史遗留来看，"亲亲相隐"之下的血缘至上以及家庭本位的人际关系互动模式，导致了官员以权谋私不在少数。习近平同志在十八届中央纪委三次全会上的讲话，曾告诫党政干部："作为党的干部，就是要讲大公无私、公私分明、先公后私、公而忘私，只有一心为公、事事出于公心，才能坦荡做人、谨慎用权，才能光明正大、堂堂正正。作风问题都与公私问题有联系，都与公款、公权有关系。公款姓公，一分一厘都不能乱花；公权为民，一丝一毫都不能私用。领导干部必须时刻清楚这一点，做到公私分明、克己奉公、严格自律。"

毛泽东在晚年说过一句震天撼地的话"我没有私心"。他作为新中国的缔造者，家中六位亲人为解放事业奉献出生命，他临终没有给子女留下一块钱一间房。这是何等的胸怀天下，一心为民？朱德同志在党的八大上指出"共产主义者应该是没有私心的人"。这些老一辈革命家的高风亮节和那个时代的干群一致、上下同心为我们作了榜样。

立党在公，兴党更在公。只有大公无私，天地才有正气；只有公私分明，人间才有是非；只有先公后私，党员这个称号才能叫得响、立得住；只有公而忘私，干部这支队伍才能冲锋陷阵、战无不胜。习近平同志在十八届中央纪委三次全会上一连用了六个"公"字，他的话为我们当代的官员执政敲响了警钟——"只有一心为公、事事出于公心"，才能戒私心、除私欲、弃私利。这正是毛泽东等老一辈革命家毕生秉持"没有私心"的当下意义。

第四篇 法理人情

中华文化自古以来就以"礼"闻名内外；以"法"震慑天下，礼法的并存，很巧妙地维系着复杂的社会秩序。人们出于对"礼"的普遍认知，自然将社会行为不断地向"礼"的方向靠近，使得自己的社会生活符合"礼"的内容；而"法"作为强制的手段，又给人以一种震慑作用。法在制定之初，不仅是为了治国的需要，更多的还是来源于多数的"情理"，唯有符合正当需求的、多数人所认同的情理被纳入到"法"的内容中来，人们才会去对它表示敬畏，万事才能得有序发展。故而从一开始，"法理"便与"情理"有机地结合了，"执法原情"也就孕育而生。

　　在社会生活中，人们对于一个人的评价，往往基于其行事作风是否符合社会"情理"。从社会的层面就已经形成了一道对于个人的评判标准，之后在法律上为之提供依据。如此复杂的社会体系，不能够没有法律、刑罚的维护。但是在量刑的过程中，有一部分人的行为逾越了法律的底线，但是却在"情理"之内，这就显得十分矛盾，"法理"与"情理"间的摩擦一直存在。在任何时候，"法理"的尊严都应当维护，法律的底线都不容逾越，但在量刑过程中，刑罚却能够有一个"度"，通过对"度"的把控，来明确刑罚的轻重，"情理"在这个时候也就能够具体地参与到"法理"中来。与此同时，法律的设置也体现了对于"情理"的尊重，因为法律是"情理"的最高标准，给予其充足的适应范围来符合社会的需求，这就是"法理"与"情理"的有机统一。"法理人情"，必然是有"情理"可言，但是一旦触碰了法的底线，就必须接受惩罚，根据具体情况，来使得"情理"参与到量刑的过程来，体现两者的有机统一。

一、以法治代人治

（一）

【原典】

君子进^①德修业，忠信，所以进德也。

——战国《周易·乾卦》

【注释】①进：增进，增加。

【译文】君子增进道德修养与建立功业，忠心且有信用，这就是君子为什么能够增进道德修养的原因。

（二）

【原典】

地势坤^①，君子以厚德载物。

——战国《周易·坤卦》

【注释】①坤：厚实和顺。

【译文】大地的气势厚实和顺，君子应当增厚自己的良好品德，承载万物。

（三）

【原典】

君子以制数度①，议②德行。

——战国《周易·节》

【注释】 ①数度：数量与法度。

②议：评价。

【译文】 君子通过制定一定数量的标准以及法度，用来评价人们品德行为的好坏。

（四）

【原典】

不知则问，不能①则学，虽能必让，然后为德。

——（战国）荀况《荀子·非十二子》

【注释】 ①能：会，懂。

【译文】 不知道就要去问，不懂就要去学。虽然会但是必定要谦让，这样之后才是有德。

（五）

【原典】

无德不贵①，无能②不官。

——（战国）荀况《荀子·王制》

【注释】 ①贵：显贵。

②能：才能。

【译文】 没有高尚的品德则不能显贵，没有优秀的才能则不能为官。

（六）

【原典】

德行，内外之称，在心为德，施①之为行。

——战国《周礼·地官》

【注释】①施：行动。

【译文】德与行，是同一事物内与外的称呼，在内心的称之为德，行动在外的称之为行。

（七）

【原典】

德行文学①者，君子之本②也。

——（东晋）葛洪《抱朴子·循本》

【注释】①文学：文化与学问。

②本：根本。

【译文】道德与品行，文化与学问，是为人君子的根本。

【国学常识】

节卦

节卦在《周易》六十四卦里面属于第六十卦，其乃万物有节，为居上上之卦。此卦下兑上坎，兑为泽，坎为水。泽中有水但是流动却受到限制，水多则溢出于泽外。所以要想水存于泽中则需要有"节制"，这就是节卦的由来。天地有节度才能生生不息，国家有节度才能繁荣昌盛，个人有节度才能不断进取。任何事物都有盛衰之时，在衰时当节制，在盛时亦当节制，节制贵在适当，不可太过。

通过节卦的内涵而形成的一种"德行"也正是中华民族的传统美德，用于衡量人的标准之一。

【国学故事】

德行胜过美玉

春秋时期，宋国有一个农民，他朴实、善良而又忠厚。有一天，他在自己的田里耕地，一块地耕到一半的时候，他感到犁尖似乎碰到了什么坚硬的东西，便停下犁，用锄头掘了一阵，感觉确实有一个硬东西埋在泥土里。他用锄挖，用手扒，终于把一块石头一样的东西挖了出来。他捧在手里，放在阳光下看了看，不禁有些惊喜，原来这不是一块普通的石头，而是一块未雕琢的璞玉。他虽然不清楚这块玉究竟价值多少，但他知道这一定是件十分珍贵的宝物。他想到这不是自己的东西，还是应该交官。他捧着这块玉去见管辖这

龙纹玉牌饰　春秋

地区的子罕先生。他把得到玉的经过告诉了子罕先生，然后恭恭敬敬地说："您是地方官长，请您收下这块玉吧。"子罕连连摆手："不，我怎么可以收下这块玉呢？既然是没有主的东西，你就自己留下吧。"农民不肯，说："即使没有主，归我所有，我也情愿将此玉献给您，请务必收下。"子罕先生语重心长地说："你知道吗，对你来说，这是一块宝玉，对我来说，不收你这块宝玉才真的是宝呢。"那位农民当时并不十分明白子罕先生的话。

后来，子罕先生的行为广泛地流传于民间，成为众人传颂的佳话。宋国的老人们常常以此教导年轻人："子罕并不是不识珍宝的呆子，问题在于他更加珍视的是自己的德行。再珍贵的东西只有在重视它的人眼里才有价值，好比拿金钱和点心让孩子选择，孩子会选择点心，而放弃金钱；拿玉石和金钱让农民去选择，农民很容易选择金钱；对于一个品德高尚的人来说，即使把珍宝金钱统统放在他面前，他仍然选择品德。"

做人如此，为官亦然。孔子提出，为政最重要的就是"德"。一个大政治家应当有自己的信念、气节，不会因外界因素的干扰而改变自己的初衷。人格德行是最重要的，能力总是相对而言的。一个官员没有能力只会碌碌无为，如果没有德行，就会祸害他人。

【现实启悟】

"德"需顺应当下

中国社会从古至今都十分注重"德"的修养。德可以说是人们安身立命的根基，是一个民族的灵魂，因此历朝历代都十分重视"德"的教育。在社会中，维持社会正常秩序的直接手段是"法律"，法律通过强制手段限定了人们的行为。然而并不是所有的事物都可以做到"天衣无缝"，法律也有自己的漏洞，执行起来也会受到限制，所以在法律之外，就需要以"德"来弥补其缺憾。

在几千年的"德"化教育中，人们潜移默化地接受了德的理念，并且用之以节制自己的行为。这个"德"是社会所普遍公认的价值观，是衡量一个人的标准，而不是以法律去评判一个人，所以值得肯定的是，德行是社会的根基，为人类社会提供了最为基础的建设，以一个文化的、宽泛的手段去管理了大部分社会人的行为。由此，社会人自觉地以"德"来作为评判人的标准，在大家都想获得社会认可的心态下，基本都会去保持一定的"德行"，这就解决了大部分不适于法律的问题，也为法律节约了更多的空间。

习近平同志曾讲道："一个人只有明大德、守公德、严私德，其才方能用得其所。修德，既要立意高远，又要立足平实……踏踏实实修好公德、私德，学会劳动、学会勤俭，学会感恩、学会助人，学会谦让、学会宽容，学会自省、学会自律。"面对现代化建设，我们建设的不仅仅是国家，十几亿中国人的精神也亟须建设。为了抓好"德"的修习，既要立意高远，又要从基层做起，不脱离人民群众，不远离生活，与实际相贴近，使"德"的意识融入基层，加强对于优秀民族精神的教育，这样才能逐步提高人民群众的素养，更好地建设和谐社会。

二、德治当中有人情

（一）

【原典】

江海之所以能为百谷王者，以其善下^①之，故能为百谷王^②。是以圣人欲上^③民，必以言下^④之；欲先民，必以身后之。是以圣人处上而民不重^⑤，处前而民不害^⑥。是以天下乐推而不厌^⑦。以其不争，故天下莫能与之争。

——（春秋）老子《道德经》

【注释】①下：处……下游。

②王：领袖。

③上：处……之上。

④下：使……感到谦逊。

⑤重：感到沉重，有负担。

⑥害：妨碍。

⑦厌：憎恶。

【译文】江与海之所以能够成为千百河谷之王的原因，是因为它善于处在河流的下游，所以能成为一切河谷的领袖。所以圣人想要处在人民之上，必须在言辞上使人民感受到他的谦逊。想要站在人民的前面，必须先站在人民的后面。所以圣人处在人民之上而人民不觉得沉重、有负担。处在人民的前面而人民不去妨碍他。所以天下人民喜欢推崇他而不憎恶他。因为他不跟其他人争，所以天下没有人能够与他相争。

（二）

【原典】

言是①而不能立，言非而不能废，有功而不能赏，有罪而不能诛②，若是③而能治民者，未之有也。

——（春秋）管仲《管子·七法》

【注释】 ①言是：正确的主张。

②诛：惩罚。

③若是：像这样。

【译文】 正确的主张却不能够被确立，错误的主张却不能废除，有功而不能够被奖赏，有罪过而不能够被惩罚，像这样却能够治理好人民的，从来没有过。

（三）

【原典】

太上①有立德，其次有立功，其次有立言②，虽久不废，此之谓不朽。

——（春秋）左丘明《左传·襄公二十四年》

【注释】 ①太上：最高层次。

②立言：建立言论著作。

【译文】 最高的层次是树立德行，其次是建立功业，再其次是留下言论著作，虽然长久但是不会废止，这就是所说的不朽。

（四）

【原典】

德不厚者，不可以使民。

—— （西汉）刘向《战国策·秦策》

【译文】 品德不高的人，不能够管理人民。

（五）

【原典】

古者修①教训②之官，务③以德善化民。

—— （西汉）董仲舒《对策》

【注释】 ①修：培养。

②教训：教育，训导。

③务：职责。

【译文】 古时候培养教育、训导的官员，职责是以德和善来教化人民。

（六）

【原典】

公正无私，一言而万民齐①。

—— （西汉）刘安《淮南子·修务》

【注释】 ①齐：一致赞成。

【译文】 公正而没有私心，说一句话百姓都会一致赞成。

（七）

【原典】

爱人多容①，可以得众。

——（西晋）陈寿《三国志·吴书·孙皎传》

【注释】 ①容：包容。

【译文】 爱他人就要有包容之心，这样可以得到众人的爱戴。

 【国学常识】

北辰

相传，在远古时期，燧人弇（yǎn）兹氏在昆仑山立挺木牙交，为地之中，上指天穹中宫天极星，为天之中。天极星在天的北面，即北极，故又称北极星。在《尔雅·释天》中有言："北极谓之北辰。"所以人们多称北极星为北辰，由于北极星的位置相对稳定，自古以来为人指明方向，故古人多认为"北辰"象征着忠诚之意，拥有坚定的意志，引领人们找到正确的方向。

 【国学故事】

"居官八约"

在保定直隶总督府的后堂有一块牌匾，是孙嘉淦写的"居官八约"。"八约"的具体内容是："事君笃而不显，与人共而不骄，势避其所争，功藏于无名，事止于能去，言删其无用，以守独避人，以清费廉取。"大意是：对国君应当日日忠诚而不显摆自己；与同僚共事相互尊重而不骄傲；不争权夺势；不追求功名利禄；办事务求实事求是、善始善终；说话务求简练，不过多地修饰；自己做好本分的事而不与人结私；生活上当清苦、廉洁、不奢求。其简单的描述即概括了为官做人的基本原则。孙嘉淦是清朝时期的清官，清朝雍正年间任职，其为官清廉，敢于辩论，上疏直谏，驱邪扶正。因此，也常受奸臣的陷害与排挤，但他无论居住乡间，还是任职朝中，都能待人诚恳，始终保持忠言直谏的品质，是一位受人敬仰的官员。

"居官八约"牌匾

在中国古代，有众多有识之士将"官德"放在为官之道的重要位置，日日以德修身，务在对得起国君，对得起百姓。其修身的辛苦不说，更有小人势力的排挤，想必是十分艰难。"居官八约"，尽管写于几百年前，其有部分内容过于拘谨、严苛，但是其深刻的内涵以及其伟大的精神，对于今天我们唤醒为官的政治良知、反对官场的腐化堕落仍不失其借鉴意义和启示。"居官八约"可以作为官员的必背条文，开展相关内容的学习，通过感受先贤的精神世界，想必能从中获益不小。

【现实启悟】

为官乃修行

官员在古代被形象地称之为"牧人者"，以其自身掌握的权力来影响着人们的生活、国家的发展。正因为为官者居于一个重要的位置，官吏是国家的运转者、承载者，是公务人员，其个人修养与道德品质直接影响着国家的统治。他们必须具备勤奋节俭、大公无私的道德素质才能完成自己的本职工作，保证国家机能的正常运转。所以古代先贤们不断地严格要求自己，以"德"为官的思想深深刻在了为官之道中。王安石指出"吏不良，则有法而莫守"，法律并非时时刻刻都能发挥其约束力，更何况是执法者？所以要想法律得以严格执行，为官者就必须做到自我监督，自我克制。

对于为官者的"德"，其实是有具体要求的。习近平同志强调："严以修身，就是要加强党性修养，坚定理想信念，提升道德境界，追求高尚情操，自觉远离低级趣味，自觉抵制歪风邪气。"对于政府官员来说，首先应当做到的是提升党性修养，以党性为核心来纠正自己的错误认识，培养与之相关的思维模式。在党性的正确指导下，需要坚定的信念去克服在执政时期遇到的种种困难，在解决困难的过程中又不可偏离党性与缺失道德修养。如何加强修养？其必然是需要环境来支撑的，所以官员干部需要在日常生活中培养自身的高尚情操，将高尚的精神融入到生活中来，潜移默化地提升自己的思维品质，从而增加对于党性的拥护，对于道德的理解。

三、可法外用情

（一）

【原典】

父为子隐^①，子为父隐，直^②在其中矣。

——春秋《论语·子路》

【注释】①隐：隐瞒。
②直：正直。

【译文】父亲为儿子隐瞒，儿子为父亲隐瞒，正直就在其中了。

（二）

【原典】

穷则变，变则通，通则久。

——战国《周易·系辞下》

【译文】穷尽之时就要变革，变革后才能通达，通达后才能长久。

（三）

【原典】

先王承天之道，以治人之情。

——《礼记·礼运》

【译文】先王取法自然的规律，用来治理人民的情理。

（四）

【原典】

何谓人情？喜怒哀惧爱恶欲①。七者，弗②学而能。

——《礼记·礼运》

【注释】①欲：欲望。

②弗：不用。

【译文】什么是人情呢？高兴、愤怒、悲哀、惧怕、喜爱、厌恶、欲望。这七种，不用学习就会了。

（五）

【原典】

臣闻三王①臣主俱②贤，故合谋相辅，计安天下，莫不本于人情。

——（东汉）班固《汉书·爰盎晁错传》

【注释】①三王：指夏、商、周三代的君王。

②俱：都。

【译文】臣听闻古代三王都十分贤能，所以合谋相互辅助，计划安定天下，没有不以人情为根本的。

（六）

【原典】

或问我朝定律①，于情法何如？予乃作②而叹③曰：至④矣哉我朝之律，可谓情与法并行而不悖⑤者也。

——（明）敖英《东谷赘言》

【注释】①定律：制定法律。

②作：作揖。

③叹：赞叹。

④至：形容事物尽善尽美。

⑤悖：冲突。

【译文】有人问我朝制定法律，对于情理与法理的关系是如何处理的？我于是作揖而赞叹道：我朝的法律尽善尽美啊，可以说是情理与法理相互并存而不冲突了。

（七）

【原典】

体问风俗，然后折中剖断，自然情、法兼列。

——（清）汪辉祖《学治臆说》

【译文】亲自体察询问风俗，这样以后适中地剖析、判断，自然地情理与法理就能够并存。

【国学常识】

为什么称坐牢为坐班房

直到现在，人们还把"坐班房"作为进监狱的代称。其实，过

去的班房并不是监狱，它本是衙门中三班衙役值班的地方。最初是
为了防止延误审判，一些民事案件的嫌疑人、证人等多于此处等候
安排。

位于山西省洪洞县旧县衙的苏三监狱

可是一旦进了班房，衙役们可就对其百般刁难和欺凌，利用衙
门里职务的便利，衙役会将有关人员统一收禁，无论有罪与否，都
会向其敲诈勒索，所以起初是为了短期内的监禁，却成了衙门里衙
役牟利的不良途径。正因其中的利益可观，于是拘押范围超出规定，
并且延长羁留期限。在刑事诉讼中，此类现象更加严重，不仅主犯
要被监禁，就连乡邻们，甚至事主亲属都要时刻随审。对于这些人，
按照法律来说应当回家取保候审，但这些人一到县衙，即被送入
"班房"，"班房"也就沦为了私自监禁证人的场所。普通百姓，除
了真正的刑事案犯被判刑投入大牢，接触到的都是这种"班房"，以
致后来人们就直接用"班房"泛指监狱。

【国学故事】

死囚四百来归狱

依据《资治通鉴》的记载，在贞观年间，唐太宗李世民亲自主持审查案件。当李世民看到三十多位死囚时，心中有所怜悯，于是下旨：将死囚放归回家，使其与家人团聚，一年后等到了秋季再回到京城受刑。随即，唐太宗又下令：将全国的死囚放归回家与家人团聚，来年回到京城，一起问斩。于是，全国近四百个死囚都回了家。贞观七年（633年），被放归的近四百个死囚居然在没有被人监督的情况下，全部自觉回到了京城等候问斩，没有一个趁机逃跑，于是乎太宗被感动了，下令赦免死囚们，这就是著名的"死囚四百来归狱"，为何这些死囚会遵守约定回来受刑？这还要从太宗的仁德说起。太宗规定，每处死一名死囚就必须向皇帝禀告三遍，而且，实行死刑之日，皇帝当戒荤、守静。因为酒能乱性，音乐能使人沉湎于情感中，不能进行理性思维，目的是在行刑前的最后一刻让皇帝进行冷静思考，以免错杀无辜。而且太宗以身作则，带头守法。再加上太宗以农为本，减轻徭赋，使得百姓安居乐业，社会安定。贞观初有几年，全国死囚犯还不足百人。这就是"情理"与"法理"的结合，太宗以情亲之理以及自己的仁德，感化了违法者，而在违法者醒悟之后，又以法理来宽恕其罪行，不得不让后世为其叹服，值得我们借鉴学习。

【现实启悟】

情不越法

前人有言："情法并立，互为轻重，既不以法伤情，又不以情掩法；并重情法，共同为治。"法是一个国家生存发展的根基，是我们安身立命的根本，其以强制的手段，掌控着整个社会的有序发展，对内保障人民群众的安全，对外保证国家的安全。法必须要具备其威严，要以严肃的形象出现在社会之中，然而法最初却源于人情，多数的人情在规范之后上升为法律本身，所以法律的内涵包括了人情在内。"情理"与"法理"是一对矛盾体，相互依存，如果社会完全讲求"法理"而忽视"情理"，那么人与人之间将产生巨大的隔阂，社会关系将变得十分紧张，人的行为会变得越来越局促，最后整个国家沉浸在严肃的氛围中，难以达到真正的"和谐社会"。但是"情理"又不可凌驾于"法理"之上。在古代，人们所强调的"情理"往往偏指于"孝、忠、义"等，是值得人们去肯定的正面精神，可是如今的社会风气将"情理"引向了建立在利益上的"私情"，这就严重损毁了法律威严的形象，不利于"法治社会"的建立。

在讨论依法治国的问题上，习近平同志指出领导干部"法律红线不能碰、底线不可越"。明确了在社会生活中，法律是不可逾越的存在。在"情理"问题上，需要用法律予以考虑，使之成为有依据，可以正确衡量的典范，必须保证法律的尊严。"情理"可寓于教育之中，用来引导人们走向正确道路，而"法理"必须严格遵守，对于借"私情"而想逾越法律的行为当坚决反对，不能因此而动摇国家的根本，民族的根基。

四、原心以定罪

（一）

【原典】

穆穆在上，明明在下，灼于四方，罔①不惟德之勤，故乃明②于刑之中，率乂③于民棐彝④。

——春秋《尚书·吕刑》

【注释】①罔：没有人。

②明：维持公平。

③乂（yì）：治理。

④棐（fěi）彝：辅成教化。

【译文】（尧）皇帝恭敬在上，三位大臣努力治事在下，光照四方，没有人不勤行德政，所以能勉力于刑罪的公平，治理老百姓以扶持常道。

（二）

【原典】

先德教，后刑罚，刑罚当，民不怨。

——春秋《论语·为政》

【译文】以德行教育为先，而后才是刑罚，刑罚得当，人民才不会产生怨恨。

（三）

【原典】────────────────

君子以明慎用刑，而不留狱^①。

——战国《周易·旅·象》

【注释】①留狱：稽延狱送。

【译文】贤明之人应该明察审慎再动用刑罚，而不是稽延狱送。

（四）

【原典】────────────────

《春秋》之听^①狱，必本其事而原其志。志邪者不待成^②，首恶者罪特重，本直者其论轻。

——（西汉）董仲舒《春秋繁露·精华》

【注释】①听：审理。
　　　　②成：已经犯罪。

【译文】根据《春秋》来审理案件，必须根据案情事实来寻找罪犯的动机。对于违背《春秋》精神的人，即使作案没有成功也要论罪；尤其对首犯要处重刑。如果目的纯正，即使违法也可以从轻发落。

（五）

【原典】────────────────

人主之所积，在其取舍。以礼仪治之者，积礼仪；以刑罚治之者，积刑罚。刑罚积而民怨背，礼仪积而民积亲。

——（西汉）贾谊《治安策》

【译文】 君主积聚的治国方法，在于他选择什么，放弃什么。用礼义治国的便积聚礼义，用刑罚治国的便积聚刑罚。刑罚积聚过度，百姓就会埋怨而背叛君主，礼义积聚到一定程度，百姓就会和睦而亲近朝廷。

（六）

【原典】

奉天法①古，兴教化，抑豪强，贵②德贱刑，官不与民争利，养士办学。

—— （西汉）董仲舒《天人三策》

【注释】 ①法：效法。

②贵：看重。

【译文】 顺应天意，效法古人，使教化兴起，打压有权势的人，重视道德教育而放轻刑罚，为官者不和人民争夺利益，培养人才，兴办学校。

（七）

【原典】

德礼为政教①之本，刑罚为政教之用②。

—— （唐）长孙无忌《唐律疏议·名例律》

【注释】 ①政教：行政与教化。

②用：具体手段。

【译文】 德与礼是行政和教化的根本，刑罚是行政与教化的具体手段。

【国学常识】

旅卦

旅卦在《周易》六十四卦里面属于第五十六卦。山中燃火，烧而不止，火势不停地向前蔓延，如同途中行人，急于赶路。因而称之为旅卦。旅卦中的"旅"字，为滞留他乡，漂泊在外之意。众所周知，古人安土重迁，把这个"旅"看作十分艰难的事。正是针对这难处，旅卦寄托了人的羁旅之情，也有寻求安稳的心理。卦中六爻（yáo），凡柔顺中和者得吉，刚强高傲者则凶。这番道理也是人们常挂在嘴边的道理，说起来容易做起来却有些难度。《周易》有云："穷则变，变则通，通则久。"处事时应要保持进退有度，顺其自然，把握中庸，才是正道。

【国学故事】

执法原情聚人心

汉文帝刘恒时，在齐做太仓令的淳于意受诬入狱，其女年十四，上书道："父亲做官时，齐地之人均称他廉洁公正；如今他犯法，按法应处以肉刑。处刑是应该的，但令我悲恸的是，父亲受刑后肢体无法再生，再难有改过自新的机会了。我自愿入宫为婢，来抵赎父亲之罪。"文帝闻之，悲悯其意，仔细思虑，想到有虞氏时，对待罪犯，就在他们的服饰上涂上与人不同的颜色，以此为罚，对他们表示羞辱。纵使惩罚如此之轻，却也鲜少有人犯罪。而现在刑罚如此之重，仍不乏作奸犯科之人。是否是自己德行不宽厚，教谕不明白？并且施加肉刑会使人终身留下残疾或创伤，这让希望能改恶从善的人看不到光明的未来。肉刑确实是一件痛苦而缺乏道德的事，不能尽到百姓父母疼爱子女的本意。从此便废除沿用千年的肉刑。《容斋续笔》中写道："史称文帝止辇受言，今以一女子上书，躬自省览，即除数千载所行之刑，曾不留难，然则天下事岂复有稽滞不决者哉？"大意为文帝可做到原情执法，废除肉刑，像这样处理天下的事，还有什么会拖拉解决不了呢？故事中的汉文帝能够听取百姓的意见，根据人的本心意志来审理案件，在位时带领汉朝走向兴盛。一个有趣的地方是，汉文帝作为执法者在自我反省，这说明原情执法在原有法律的基础上对法律的

《缇萦救父》浮雕

实践者的要求更严格了，审判者必须肩负司法的良知、社会的责任、职业的道德，不能对案子程序性的漠然、冷酷。法律是公正的，同时也是无情的，不管是谁，也不管什么原因，触犯法律，就会受到惩罚。因此许多程序上的公正，也许在生活中不见得公平，违背社会道德观，激起社会矛盾。总而言之，原情执法，也是一种对道德的高要求。在德与刑之间寻找平衡，双管齐下，才能将国家治理得更好。

【现实启悟】

原情执法有双刃

原情执法这一原则，出自于《春秋繁露·精华》："《春秋》之听狱，必本其事而原其志。志邪者不待成，首恶者罪特重，本直者其论轻。""原"，即考察原因，"情"，即社会人情。原情执法即根据人心理是善或恶来判断这个人是否有罪和给予适当惩罚。它从道德的角度出发，大幅度强调犯罪者的主观动机，而较少重视犯罪者造成的客观犯罪事实，难免会让正义的天平倾斜。

但原情执法对现在的执法一丝好处都没有吗？答案是否定的。

哲学家牧野英一有句话说道："法律是冷酷的，但是我们可以用温暖的方式来处理。"何谓温暖的方式？《北齐书·苏琼传》记载这样一件事：一对兄弟争土地，多年仍未解决。两人都寻找很多人帮忙。苏琼审案时，对众人说："如果让在场各位得到土地而失去兄弟情谊，你们会怎么做？毕竟天下最难得的是兄弟，土地倒是容易得的啊！"他说着煽情地落泪，证人也为之动容。这对兄弟这才醒悟，进而和解了。这个案例中，苏琼审理时紧握住人情世故层面做文章，加以引导规劝，而不是就围绕着土地的归属及理由高谈阔论。并且说到情深处，自己先受感动潸然泪下，进而众多证人也都感动得流了泪。邯郸曾经有一名男子因酒驾被查获，男子的母亲担心儿子被抓进牢里，便给交警下跪求情。结果发生了老人与交警对跪的局面。这种执法是站在群众的角度思考的，用"情"来给法律增加温度，抚慰那些真正的弱者。

习近平同志在中共中央政治局第十八次集体学习时强调："我国古代主张民惟邦本、政得其民，礼法合治、德主刑辅，为政之要莫先于得人、治国先治吏，为政以德、正己修身，居安思危、改易更化。"工作中，采用"强制"与"原情"结合的手法解决矛盾，既符合法理又符合情理；生活中，重视德育，当人民砥节砺行蔚然成风时，法律也就有如春日暖阳般了。

五、亲亲相隐有底线

（一）

【原典】

今往何监，非德于民之中，尚明听之哉！哲①人惟刑，无疆之辞，属于五极②，咸中有庆。受王嘉师，监于慈祥刑。

——春秋《尚书·吕刑》

【注释】 ①哲：判决。

②五极：五刑。

【译文】 我（尧帝）监察什么呢，难道不是行德吗？对于老百姓案情的判决，要明察啊！治理老百姓要运用刑罚，使无穷无尽的讼辞合于五刑，都能公正适当，就有福庆。你们接受治理，我的好百姓，可要明察这种祥刑啊！

（二）

【原典】

叶公语孔子曰："吾党有直①躬者，其父攘②羊而子证之。"孔子曰："吾党之直者异于是。父为子隐，子为父隐，直在其中矣。"

——春秋《论语·子路》

【注释】①直：坦白。

②攘：偷窃。

【译文】叶公告诉孔子说："我们这里有一个正直的人，他父亲偷别人的羊，他出来证明了。"孔子说："我认为的正直和这件事不同。父亲为儿子隐瞒，儿子为父亲隐瞒，正直就在其中了。"

（三）

【原典】

子从弑君之贼，国之大逆，不可不除。故曰大义灭亲。

—— （春秋）左丘明《左传·隐公四年》

【译文】你跟随弑杀君主的贼子，是国家的背叛者，不能不除掉。所以说是大义灭亲。

（四）

【原典】

人人亲其亲，长其长，而天下太平。

—— （战国）孟轲《孟子·离娄上》

【译文】每个人都孝敬自己的双亲，尊重自己的长辈，天下就会太平。

（五）

【原典】

不私其父，非孝子也；不奉主法，非忠臣也。王赦其罪，上惠也；伏诛而死，臣职也。

—— （西汉）司马迁《史记·循吏列传》

【译文】不偏爱自己的父亲，不是孝子；不奉行国君的法律，不是忠臣。大王赦免了我的罪行，这是国君的恩惠；让自己被执行死刑，这是为臣子的职责。

（六）

【原典】

同居，若大功①以上亲及外祖父母、外孙，若孙之妇、夫之兄弟及兄弟妻，有罪相为隐，部曲、奴婢为主隐，皆勿论。即漏露其事及擿②语消息，亦不坐。其小功③以下相隐减凡人三等。若谋叛以上者，不用此律。

——（唐）长孙无忌等《唐律疏之义·名例》

【注释】①大功：五服中的第三等，次于"斩衰""齐衰"。
②擿（tī）：揭发。
③小功：五服中的第四等，低于"大功"，高于"缌麻"。

【译文】同居的亲属中丧服为大功及以上的人的亲属及外祖父母、外孙，及孙媳、丈夫的兄弟、兄弟妻等，有罪状相互隐瞒；此外，仆人、奴婢为主人隐匿犯罪，这些行为都不受到处罚。其他不同居的丧服为小功及以下亲属如果隐匿犯罪，则较之普通人犯罪降低三个等级对其进行处罚。如果犯下谋叛或更大的罪，不适用此条法律。

（七）

【原典】

凡告人者，告人祖父不得指其子孙为证①，弟不证兄，妻不证夫，奴婢不证主。

——明《大明律·刑律》

【注释】①证：动词，作证。

【译文】但凡举报人时，举报人的祖辈父辈不能让他的子辈孙辈作证，弟不能作兄证，妻不能作夫证，奴婢不能作主证。

【国学常识】

《循吏列传》

《循吏列传》是《史记》的第五十九篇列传。记叙了春秋战国时期五位贤良官吏的事迹。五人中，孙叔敖、姬侨、公仪休和石奢为国相，李离为法官，都是权贵显要的社稷之臣。孙叔与姬，仁厚爱民，善施教化，以政宽得人和，国泰而民安；公仪、石、李，皆清廉自正，严守法纪。司马迁记录他们在政治上的成绩和道德作风，带着遥念与佩服的心情，为他们当公私利益发生尖锐冲突时，甘愿以身殉法，维护君主和纲纪的尊严的行为作传。旨在叙说一个治理国家的道理："奉职循理，亦可以为治，何必威严哉？"意为，官吏奉公尽职，按照法规办事，同样可以治理好国家，为什么一定要用威猛严峻的手段对待百姓呢？此传以古讽今，批判当时酷吏给人带来的不幸，也告诫后人，须以德行立于世。

【国学故事】

管仲公私分明立国相

管仲和鲍叔牙是莫逆之交。有一次齐桓公和管仲探讨下一任国相的问题，齐桓公问："假如你要是去世了，谁接任你的职位为好呢？"管仲提出了一个人的名字，齐桓公又问："那么第二人选呢？"管仲又说了一个人的名字，齐桓公又问："那么第三人选呢？"管仲又说出了一个人名。齐桓公有点不高兴地问道："那么第四人选呢？"

连环画《管仲与鲍叔牙》　岭南美术出版社

管仲说："那就是鲍叔牙了！"齐桓公说："我感到很意外，鲍叔牙与你关系那么好，听说以前你们一起做生意，他也一直对你让步，你辅佐公子纠时，还射过我一箭，要不是鲍叔牙说情，我早就把你杀了，后来鲍叔牙又常在我面前推举你作为国相，怎么现在请你推荐下任国相时，你竟然第四个人才想起鲍叔牙呢？你对得起你的好朋友吗？"管仲说："我们现在是在谈论谁最适合做下任国相的问题，您并没有问谁是我最感激、最要好的朋友呀！我们的交情很深，但国家利益高于一切！"

【现实启悟】

容隐是权力，但须守底线

亲亲相隐是一条贯穿我国两千多年封建社会的法律制度。学者们普遍认为它来源于儒家思想的"礼"："父为子隐，子为父隐，直在其中矣。"此为上仁下孝，封建统治者也遵从"仁孝以治天下"。

但这并不是一条铁律。对于晋国大夫羊舌肸（xī）大义灭亲——杀了自己贪赃枉法的弟弟羊舌鲋的行为，孔子评价道："叔向（羊舌肸的字），古之遗直也，治国制刑，不隐于亲，三数叔鱼（羊舌鲋字）之恶，不为末减，曰义也夫，可谓直矣。"似乎与上面亲亲相隐的观点有所冲突，其实不然，孔子在这里提出一个新的原则：小罪可以容隐，隐瞒小罪来稳固亲属间关系；但大罪便不可容忍，必须予以惩罚来稳固国家的根基。

由此看来，亲亲相隐与亲亲不隐中有个难以拿捏的度，这便是亲亲相隐的现代化面临的最难的问题。不能否认的是，亲亲相隐制度是符合效益原则的。举个例子，假如现在有个父亲犯罪，儿子知道犯罪情节，司法机关逼迫儿子供证，父亲受到制裁。此间成本有，儿子供证内心受到的谴责，父亲对儿子的怨恨，父子关系的尴尬，父亲受到的惩罚，以及司法机关为辨别儿子提供证据的真伪所作的调查、所导致的经费浪费……当然，如果存在亲亲相隐制度的话，以上一切不必要的成本都不会存在了。这无论是对个人还是国家而言，都是有利无害的。

事物有积极的一面，也会有消极的一面，这个制度也不例外。前文也提到，在国家大事上，亲亲相隐是不被认可的，甚至有时会"连坐"。事实上，统治者建立这个制度的初衷并不全是体恤子民。在人情与统治利益产生冲突时，被牺牲的就是前者。这是对人性的忽视，乃至压抑。但在现代立法中，这种现象几乎不可能存在了。

对于传统，我们的态度都是取其精华，去其糟粕。于此制度，我们也应当结合国情，予以适当修改，让充满人性的花朵开满神州大地，让人情的芳香香气四溢。

第五篇 公正无私

公正是法治的生命线。"法不阿贵，绳不挠曲"，以汲取国学经典中法制文化中的养分，结合当今时代特征和我国社会实践，以确保在"立法、执法、司法、守法"这一法治建设体系中能做到公正无私。法家思想作为一种主要思想派系起源于春秋战国时期，法家的"法治"主张平等守法，而且要求制订和公布成文法，凡事不别亲疏，不殊贵贱，一断于法，反对世袭制度和宗法等级制度，还有韩非子提出的权力制约理论"刑过不避大臣，赏善不避匹夫。"法家认为，法一旦颁布生效，就必须"官不私亲，法不遗爱"，君臣要"任法去私"。强调"法"作为规范社会的统一标准，乃"尺寸也，绳墨也，规矩也，衡石也，斗斛也，角量也，谓之法"。形象说明了"法"的客观性和稳定性，在运用过程中不因人的主观因素不同而发生变化，对任何人都应当做到一视同仁。所谓"君臣上下贵贱皆从法"，"法不阿贵，绳不挠曲"，皆体现了法家公平执法的决心。由此可见，"法治"和"礼治"的重要分水岭更重要的在于行为规范的内容本身，而不仅止于制裁手段，也就是讲一断于法的统一行为规范与贵贱、尊卑、长幼、亲疏之"异"之间的分歧。

法家提出的以法治国、公正执法的主张和观念，以及把法律视为一种有利于社会统治的强制性工具至今仍然影响深远。这些体现法制建设的思想对今天切实推进法治国家建设的进程，严格依法办事，维护其权威性存在一定的借鉴作用。这也告诉我们，法律的生命力与权威在于公平与公正的实施之中。由此可见，中国传统法治文化中的精华，能发挥促使全社会做到"法立，有犯而必施；令出，唯行而不返""亲疏贵贱皆断于法""不为权势而挠法""诛不避贵，赏不遗贱""执法罚当其罪"，把"纸面上的法"真正落实为"行动中的法"，维护法律的尊严与本质精神的触动效用。

一、亲疏贵贱皆断于法

（一）

【原典】

罚避亲①贵②，不可使主兵。

——（春秋）管仲《管子·立政》

【注释】　①亲：亲属。

②贵：显贵。

【译文】　执行刑罚时回避亲友和权贵的人，不能任命他带兵。

（二）

【原典】

正法直度①，罪杀不赦；杀谬必信，民畏而惧。武威既明，令不再行。

——（春秋）管仲《管子·版法》

【注释】　①度：标准，法度，制度。

【译文】　法律公正，标准明确，有罪就应罚，绝不宽宥；诚信执行法制，百姓就会敬畏。权威已经彰明，就不需要反复重申法令了。

（三）

【原典】

不知亲疏、远近、贵贱、美恶，以度量①断②之。

——（春秋）管仲《管子·任法》

【注释】①度量：计量长短、容积轻重的统称。

②断：判定，决定。

【译文】法是衡量一切事物的标准，在法律面前没有关系远近、高低贵贱之分。

（四）

【原典】

不别①亲疏。不殊②贵贱，一断于法。

——（西汉）司马迁《史记·太史公自序》

【注释】①别：区别。

②殊：特殊。

【译文】应当不区别犯法者是否与自己亲近或疏远，不对贵族或者平民区别对待，都统一地受法律约束，以法律来裁决。

（五）

【原典】

夫刑赏之本，在乎劝善惩恶，帝王之所以与天下为画一①，不以贵贱亲疏亏轻重者也。

——（唐）吴兢《贞观政要·刑法》

【注释】①画一：划一。

【译文】刑罚和奖赏的关键，在于劝人从善并且惩治恶行，这也是帝王和天下百姓都同样遵行的原因，不能够因为某个人贵或贱，亲或疏而轻重有别。

（六）

【原典】

若甑生①获免，谁不觊觎？有功之人，皆须犯法。

——（唐）吴兢《贞观政要·刑法》

【注释】①甑生：即高甑生，唐太宗的功臣。

【译文】如果高甑生得到免刑，那么谁会不存侥幸之想呢？那么凡是有功之臣，都一定会犯法。

（七）

【原典】

诚①以法者天下之公，不可以私意妄②有所轻重也。

——（明）余继登《皇明典故纪闻·卷三》

【注释】①诚：诚然，确实。

②妄：私自，妄自。

【译文】法律确实是天下的公器，不能够因为私人情感而妄自作出或轻或重的处罚。

【国学常识】

“法”之词源

法古写作“灋”（从“水”，表示法律、法度公平如水的表面；从“廌”〔zhì〕，即解廌，神话传说中的一种神兽。据说，它能辨别曲直，在审理案件时，它能用角去触理屈的人。基本义：刑法、法律、法度）又有记载云"法"是一种与鹿和牛类似的神兽，在古代人们将它作为断案的工具。每当办案时出现多个嫌疑人的时候，人们通常把它放出来，它如果用犄角顶谁，谁就是罪犯。古人把这种生性正直、专触不直者的神明裁判者——廌纳入法的范畴，显然赋予了法的正直而无偏颇的价值内涵。

 【国学故事】

郑成功执法如山

郑成功（1624—1662），是我国明末清初著名的民族英雄，原名福松、森，号大木，福建南安县石井村人。其父郑芝龙，是南明隆武朝"建安伯"，曾组织向台湾移民，积极开发台湾岛。清顺治二年（1645年），21岁的郑成功在福州受到隆武帝朱韦健的召见，颇多赏识，被认为本家，赐他国姓（朱），改名成功，因此中外尊称之为"国姓爷"。清顺治十年（1653年），南明永历帝（朱由榔）又封他为"延平郡王"。

有一天，郑成功正在石台上督视水师操练，忽然一位随从禀告郑成功，说路口有一老伯，恳求面见郑成功。郑成功的叔父郑鸿达急忙摆手对随从说："国姓爷忙于军务，岂有闲暇办理国事？有何冤情待我回寨后另行审理。"但郑成功听说那位老伯口称案情重大，就吩咐召他来见。郑鸿达忙把郑成功拉到一旁，耳语了一阵。坐在一旁的董氏夫人这时忍不住问郑成功："有冤理应问清，何故如此不明不白？"郑成功左右为难，心中暗想：不以军法论处，有损郑家军声望；若按军纪制裁，又有伤董氏夫人之心。原来，郑家军的"虎骑亲军"中有一位将领叫董源，也就是董氏夫人的堂兄弟，强抢老伯的女儿，后又将其抛入江中活活淹死。那老伯告到郑鸿达帐前，反被他毒打一顿赶了出去。"人命关天，岂能轻赦？宗亲犯法，更难宽容。董源辱杀民女，罪应斩首，以儆效尤；鸿达祖亲违法，罚银30两，以为鉴戒！"郑成功喝令把董源押出去斩首，同时又责令叔父郑鸿达拿出30两银子交给老伯，作其安家度日费用。郑成功站在石台上，威严地对在场的将士们说："日后，无论是谁，但凡违军法、害黎民，本藩尚方宝剑定然不饶。"说到这里，"嗖"的一声抽出腰间那柄熠熠闪光的宝剑，向着巨石猛然劈下，厉声大喝："斩其头如劈此石！"至今，"海上视师"石上，还留着这个裂痕。

位于郑成功故乡福建省南安市石井镇海边的"海上视师"石

【现实启悟】

法律面前　人人平等

习近平同志在领导干部作风建设座谈会等重要的场合中，均不断强调全面推进依法治国战略，重点在于领导干部要肩负起其中的主要责任，抓住领导干部这些"关键少数"。从依法治国的角度审视领导干部的特殊性，其核心便在于这些关键少数手中所掌握的权力。这些权力既是政治责任的需要，同时更是法治责任的基础。

"不别亲疏，不殊贵贱，一断于法"，这反映了从古至今立法的初衷就在于破除权力对于法律的实施所产生的阻碍。由此也不难看出，法治的基本属性便是平等与公平。在古代的法治思想中，君王普遍认同应当"以身作则"为法令的实施扫除障碍，更有甚者将法的公平性视为有无法的标准之一。法的严肃性、权威性其根本在于公信力的建设。公信力的提升关键在于法律面前人人平等。

以史为鉴，当代中国社会的经济体制改革转型对依法治国建设提出了更高层次的需要。法治与人治之间的博弈在当前时代背景下已经出现了清晰的选项。遵法理废私情，用法治弃人治成为当代改革解决社会发展过程中出现的矛盾和问题的主要手段与依据。总而言之"良法需要良吏行"，广大党员干部需要谨言慎行，在依法治国体系建设中躬行实践，做尊法学法守法用法的模范。以此在全国范围内构筑起崇尚法治权威、恪守法律准则的法治环境，以公平正义为标准，以文明和谐为目标，激发人民群众的无限创造力。

二、不为权势而挠法

（一）

【原典】

政①者，正也。子帅以正，孰敢不正。

——春秋《论语·颜渊》

【注释】　①政：正。

【译文】　为政者带头走正道，对自己严格要求，做到清正廉明；严格执法，对上对下刚正不阿，谁敢不走正道？下面的风气就自然正了。

（二）

【原典】

法不阿①贵，绳②不挠③曲。法之所加，智者弗能辞，勇者弗敢争。

——（战国）韩非《韩非子·有度》

【注释】　①阿：偏袒，迁就。

②绳：墨线，木匠用来取直的工具。

③挠：弯曲。

【译文】 法律不偏袒有权有势的人，墨线不向弯曲的地方倾斜。应该受到惩罚的人，即使有才智，也不能用言辞来辩解，即使英勇无比的人，也不能用武力来抗争。

（三）

【原典】————

勒①令，则治不留；法平，则吏无奸。

——（战国）商鞅《商君书·勒令》

【注释】 ①勒：严格。

【译文】 严格执行法令，那么政务就不会拖沓；执法公平，那么官吏之中就不会发生奸邪之事。

（四）

【原典】————

刑无等级，自卿相将军以至大夫庶人①，有不从王令，犯国禁②，乱上制者，罪死不赦③。

——（战国）商鞅《商君书·赏刑》

【注释】 ①庶人：泛指无官爵的平民，百姓。
②国禁：国家的禁令。
③赦：免除和减轻刑罚。

【译文】 刑罚没有等级，从卿相、将军一直到大夫和平民百姓，有不听从君主命令的、违反国家禁令的，破坏君主制定的法律的，可以处以死罪，不赦免。

（五）

【原典】

官不私①亲，法不遗②爱。

——（战国）慎到《慎子·君臣》

【注释】　①私：不公开的，秘密而又不合法的。

　　　　　②遗：余，留。

【译文】　当官不能以亲徇私，制定法律和执行法律对所爱者也不要有特殊的照顾。

（六）

【原典】

公①赏不遗远②，罚不阿近③，爵不可以无功取，刑不可以贵势免。

——（西晋）陈寿《三国志·蜀书·张裔传》

【注释】　①公：指诸葛亮。

　　　　　②远：离他远的人。

　　　　　③近：身边的人。

【译文】　诸葛亮给人奖赏不会遗漏偏远的人，处罚时不会偏袒身边的人，授予爵位不可以没有功劳就获得，处以刑罚不能够因为是贵族和有权势就赦免。

（七）

【原典】

君必有明法①正义，若悬权衡以称轻重②，所以一群臣也。

——（北宋）李昉等《太平御览·刑法部》

【注释】①明法：彰明法律。

②称轻重：考量判断轻重。

【译文】 君主必须有彰明的法律实施正义，就好像用秤来考量轻重一样，以此来统一规范群臣。

约法三章　名垂千古

刘邦进入关中，跟大家约法三章：杀人者死；伤害他人及偷盗者，按情节轻重处以相应的处罚；其他秦律全部废除。"约法三章"迎合了百姓切身利益，很快便为刘邦赢得了民众的信任与拥戴。刘邦对于扮演仁义之师的角色似乎颇有天赋。不但赚得满堂彩，更重要的是，为后来战胜项羽打下了坚实的群众基础，也是他取得最后胜利的力作。毛泽东评论：刘邦是封建皇帝里面最厉害的一个。

"约法三章"的内容应包括三项，三种罪行、三种处罚，即犯杀人罪的要处以死刑，致伤他人的要受肉刑惩罚，偷盗者则受与罪行相应的处罚。"约法三章"树立起了取信于民的形象，也奠定了汉高祖刘邦的历史地位，对后世产生了深刻的影响和作用。由此可见，刘邦领导地位的确立，是历史与人民的选择，是时代的要求。"约法三章"很早就成为人们耳熟能详的成语，在人们的生活和工作中广为流传和应用。

那么，"约法三章"，其价值又该如何评定呢？

第一，化繁为简。秦国的法律不但严苛而且繁复，诸如"诽谤者族，偶语者弃市"这样的条文让人的神经随时都处于高度紧张的状态，一不小心就有可能掉脑袋。而刘邦的"约法三章"实际操作性其实很差，杀人的情况千奇百怪，伤人的情况纷纭万象，其间是非曲直又该如何界定。仅用"杀"和"抵罪"来描述实在不明不白。可正因为这样的"不明不白"，一下子让关中百姓从长期受压的精神困境中解脱了出来。给予期盼已久的一点自由，足以让关中百姓感激涕零。

江苏徐州沛县刘邦塑像

第二，双向制约。和秦律不同，"约法三章"既对平民百姓有约束力，也对入关的义军有约束力。改朝换代的动荡时刻，最容易出现社会秩序紊乱的状况。刘邦严格要求义军遵纪守法，以求尽量确保关中地区的社会秩序正常，同时也向百姓们展示出值得信赖的新军形象。

第三，废止连坐。秦律中的连坐，令人闻风丧胆。"约法三章"废除了连坐，改用"一人做事一人当"的形式，只惩戒有罪者，不涉及其家人，这样的设定无疑更加人性化，更深得人心。

事实上，刘邦统一天下后，就觉得"三章之法，不足以御奸"，于是命萧何定律，恢复六篇，另外又增加了三篇，总共九篇了。

执法
治要

楚庄王的茅门之法

我国古代自春秋时期开始，各诸侯国均重视立法，同时也强调法律的强制性。各诸侯国的统治阶层均开始向新兴地主阶级的特权发起挑战。"法不阿贵"与"刑不上大夫"的封建弊端逐渐被打破。

期间，楚庄王颁布了著名的《茅门法》，根据规定，"各位大臣、贵族和各位公子进入朝廷时，如果他们的马蹄踩到了屋檐下，负责执行此法的官吏廷理就要砍断他的车辕，杀掉驾车的人。"而就在法律颁布不久之后，太子在进入朝廷的时候，他的马就踩到了屋檐下，廷理根据《茅门法》砍断了他的车辕，杀掉了车夫。太子因此事觉得丢了面子，到楚庄王面前去告状，请求楚庄王制裁廷理。

楚庄王狠狠地批评了太子，说道法令的颁布为的是让宗庙与朝廷变得更加庄严，维护土地与谷神所应得到的尊重。因此，维护法律的权威不被侵犯，保障宗庙社稷这些政事的神圣所作出努力的官员们是对我们的国家负责的人，怎么可以处决他们呢。相反，那些不遵守法令、轻视法律、对土地和江山社稷没有敬畏之心的人便是整个国家的敌人。不尊重法律便是对颁布法律的君主的轻视，臣民对待法律的行为直接反映其对君主是否忠诚。法律失去威严，则国家与君主都失去了威严，宗庙和社稷这些政事就将无以为继了。作为太子，国家都不存在了，你以后又有何东西可以继承呢？

楚庄王最后对太子的处置决定是要求其步行退出三十里外，在野外居住三日，每日向北方跪拜以求免除死罪。

努力践行"三严三实"

中国梦所承载的中华民族伟大复兴，需要我们凝聚起广大干部与群众的力量与决心。在十二届全国人大二次会议安徽代表团审议的过程中，习近平同志高瞻远瞩，提出了以全党开展为民务实为目标的群众路线，务求通过上下齐心，共同努力合成通力，打造一股全民真干、实干、敢干的优良风气。

其中，习近平同志提出的"三严三实"为党员干部今后的实践活动指明了方向，明确了任务。具体来说，"三严三实"要求是我们做人、做事、做官的标准细化，是修身之本、成事之要、为政之道。即做人要老实，严以修身，做个干净人；做事要务实，严以律己，做番大事业；做官要踏实，严以用权，做名清官。

修身、律己、用权均要从严，同时这也是做老实人、干净人的基本要求。说到底，当代党员干部践行"三严三实"要求，核心关键在于党员干部能否心系百姓，兼济天下。依法办事，按章行事使党员干部的权力能够在阳光下运行，接受人民的监督。妥善行使好人民赋予的权力，始终心中有人民、一切为人民，不畏强权，不惧淫威，敢于、乐于为人民的利益"代言"，真正做人民的"父母官"，为人民撑起一片"青天"！

三、诛不避贵，赏不遗贱

（一）

【原典】

诛①不避贵，赏不遗贱。举事不私，听狱②不阿③。

—— （春秋）晏婴《晏子春秋·内篇问上》

【注释】 ①诛：把罪人杀死。

②听狱：听理讼狱。

③不阿：不曲从，不逢迎。

【译文】 即便是社会地位高的权贵犯了死罪也不能逃避刑罚，即便是社会地位低的平民百姓做了好事也能得到奖赏。办事情不徇私，判案子更要刚正不阿。

（二）

【原典】

以刑罚自防者，劝①乎为非；以赏誉自劝者，惰乎为善。上离德行，民轻赏罚，矢所以为国矣。

—— （春秋）晏婴《晏子春秋·内篇谏上》

【注释】 ①劝：努力。

【译文】 以刑罚防止自己去干坏事，因为刑罚不公正，都纷纷去干坏事；用赏誉勉励自己去做好事的，因为奖赏不公正，都懒得去做好事。如果君主没有德行，百姓对他的奖赏与处罚都不重视，一个国家就丧失了它立国的根本。

（三）

【原典】

法之不明者，君长乱也。故明君不道①卑、不长乱也。秉②权而立，垂法而治以得奸于上，而官无不；赏罚断，而器用有度。

—— （战国）商鞅《商君书·壹言》

【注释】 ①道：取道于……
②秉：执掌。

【译文】 法律不能得到严格执行，是因为君主助长了动乱。所以英明的君主不效法子庸之辈，不制造乱局。英明的君主执掌权力而确立权威，推行法律实现安定，从而上级可以查处奸臣，官员也就没有邪恶的行为；赏罚明断，所有事物功用都有规矩法度。

（四）

【原典】

赏善罚奸，国之宪法①也。

——战国《国语》

【注释】 ①宪法：宪制，法令。指最为重要根本的法律。

【译文】 奖赏善良惩罚奸诈之行的法律，是国家最重要的法律。

（五）

【原典】

宫中府中，俱为一体，陟①罚臧②否，不宜异同。若有作奸犯科及为忠善者，宜付有司论其刑赏，以昭陛下平明之理，不宜偏私，使内外异法也。

——（三国蜀）诸葛亮《前出师表》

【注释】①陟：进用，任用。

②臧：通"赃"。

【译文】宫中和府中，都是一样的，任用和处罚，是否构成贪赃，不应该有差别。如果有作奸犯科的人和忠诚善良的人，都应该交由有司来判断他们的刑罚和奖赏，以昭示皇上公平开明，不应该偏袒私心，使得宫内和宫外的法律适用不同。

（六）

【原典】

夫赏罚者，天下之衡鉴也。衡鉴一私，则天下之轻重妍丑①从而乱焉。

——（北宋）范仲淹《范文正公文集·上执政书》

【注释】①妍丑：美貌和丑陋。

【译文】奖赏和处罚，是用来衡量鉴定天下人的。如果衡量和鉴定一有私心，天下的轻重、美丑的标准就乱了。

【国学常识】

治国当行　无为之为

从阶级和国家出现的本源来看，他们是社会矛盾不可调和的产物，但是中国传统社会呈现出"日出而作，日落而息，凿井而饮，耕田而食"这种小农经济的显著特点，以至于有了"帝力与我何有哉！"这样的感叹。小农经济中社会民众是一种以熟人关系圈为土壤，以血缘宗法关系为纽带的人际关系。由于道德体系在调节人际关系、化解社会矛盾中起到了至关重要的影响。因此，统治阶级很少将注意力放在社会的强制性力量的构筑上，古代的圣贤们也是极其推崇这种依靠自觉和自省化解社会矛盾和冲突的方式。这也就是

老子升仙的地方——升仙台

我们最为熟悉的"无为而治"。当然，无为并不代表不作为，"无为而治"需要有稳定的社会秩序以及相应的制度体系作为前提，这些仍然是执政者应当有所作为的。

【国学故事】

明慎所职，毋以身试法

西汉时期，高阳出了一位有名的官员，名叫王尊。王尊自小由伯父养大，由于伯父家里贫穷，王尊需要为邻居放羊来贴补家用。而王尊从小酷爱读书，放牧时也要带书阅读。王尊看到书上那些秉公执法的官吏十分敬佩，并时刻以做一个廉洁奉公的人为目标。

时年13岁，王尊请求伯父为其在郡上的监狱里谋求一份差事。伯父惊讶道，王尊小小年纪又不懂刑律，怎么可能胜任监狱里的差事呢。王尊解释道从小便在书上学习了很多，现在希望能得到一个实践锻炼的机会，以便能跟着狱长边学边做。伯父在王尊的一再请求下，找到狱长求情，狱长最终答应让王尊跟随在身边听差。经过实践锻炼，王尊对于处理刑狱一事，进步非常快。

后来太守器重王尊，便把王尊留在了太守府，并让他处理文书工作。几年后，王尊辞去职务攻读儒家经典，不断提升自己的理论与实务水平。由于王尊为人正直、执法严明，不久王尊被提拔为太守。当时其所在辖郡县官场混乱，官员仗势欺人不守法纪的行为非常普遍，甚至有的官员鱼肉百姓无恶不作。上任太守后，王尊整饬吏治，严格管理下属，通过以身作则来告诫下属遵纪守法。

当时郡里有一个官员搜刮民脂民膏，且手段残忍毒辣，激起了民愤。王尊贴出告示警告当事官员，但是仍然不见他有所悔改。王尊便以他为标榜进行了严厉的惩治，紧接着他又亲手惩办了一批罪行严重而又没有悔改之心的豪强。如此，郡内的治安得到了安定，官场恢复了清廉。王尊一生疾恶如仇，执法如山深受百姓爱戴。

【现实启悟】

依法治国无"法外之地"

以公平公正为基础的依法治国体系是一个系统而全面的工程，可以说是全方位无死角，是一个没有"法外之地"的全民工程。党的十八大以来，以习近平同志为核心的党中央对于党员干部的廉政建设和反腐工作给予了高度重视。从严治党成为大势所趋，治党工作的核心便是治党员。习近平同志在之前召开的党的十八届中央纪委五次全会上又一次强调，加强纪律建设是当下党员干部作风建设的重中之重，党员干部应当遵纪守法，为广大民众树榜样。自觉对照违反政治纪律和有违政治自觉的行为进行反省，逐条对照自查自纠。以此让党员干部养成守纪律讲规矩的良好习惯。坚决杜绝党员干部违规违纪，严禁损害百姓利益。

当前我党对于正风肃纪、严惩贪腐一直保持着高压态势，无非是要告诫广大党员干部，顶风违纪、视规矩为儿戏者，必将"身陷囹圄"、受到严惩。损害百姓利益不仅表现在违法乱纪、执法不公、知法犯法等方面。党员干部作风飘浮、简单粗暴、不讲策略、吃拿卡要等均是损害群众利益的直接体现。因而，党政干部依法治国理念的贯彻不仅要求党员干部行动上遵纪守法，更要求为民谋福祉的理念深入干部内心，深化为他们行事的行动准则。

四、执法罚当其罪

（一）

【原典】

古秦之俗，君臣废法而服私^①，是以国乱兵弱而主卑。商君说秦孝公以变法易俗而明公道，赏告奸，困末作^②而利本事^③。当此之时，秦民习故俗之有罪可以得免，无功可以得尊显也，故轻犯新法。于是犯之者其诛^④重而必，告之者其赏后而信，故奸莫不得而被刑者众，民疾怨而众过日闻。孝公不听，遂行商君之法。民后知有罪之必诛，而告奸者众也，故民莫犯，其刑无所加。是以国治而兵强，地广而主尊。此其所以然者，匿罪之罚重而告奸之赏厚也。

——（战国）韩非《韩非子·奸劫弑臣》

【注释】 ①服私：追逐私利。

②末作：工商业。

③本事：农耕。

④诛：处罚。

【译文】 过去秦国的惯例是，君臣废弃法律而谋求私利；因此国家混乱、军事衰弱而君主位卑。商鞅进言秦孝公用变法易俗来昭示奉公为国的原则，赏赐举报告发奸邪之人，抑制工商业而鼓励农耕。当时，秦国民众习惯的旧俗是：有罪的人可以被赦免，无功的人也可以显贵，所以他们轻视新法，不把触犯新法当一回事。对触犯新法的人一定要重罚，举报告发罪行的人一定要重赏，故而犯罪被捉且受刑的人很多，每天都能听到百姓的怨愤和众人的责难。但秦孝公并不听从，坚定地实施商鞅的新法。百姓后来知道，有罪一定会被处罚，而且告发奸邪的人又很多，所以百姓不敢犯法，刑罚也用不到他们身上。因此国家太平、兵力强大、土地辽阔而君主位尊。之所以能够如此，都是对隐匿罪行重罚、对举报奸邪重赏的缘故呀！

（二）

【原典】

廷尉，天下之平也，一倾^①，天下用法皆为之轻重，民安所措其手足？

——（东汉）班固《汉书·张释之传》

【注释】①倾：倒。

【译文】廷尉，是天下公平决断的象征，一旦失去了公平，天下执法因之失去了衡量轻重的标准，百姓就不知所措无法应对了。

（三）

【原典】

尽诚可以绝嫌猜，徇^①公可以弭^②谗诉^③。

——（唐）刘禹锡《上杜司徒书》

【注释】①徇：顺从。

②弭：停止。

③谗诉：诽谤。

【译文】竭尽精诚，可以杜绝别人的怀疑猜忌；秉公办事，可以制止别人的诽谤。

（四）

【原典】

太宗曰："国家大事，惟赏与罚。赏当其劳①，无功者自退。罚当其罪，为恶者戒惧。则知赏罚不可轻行也。"

——（唐）吴兢《贞观政要·封建》

【注释】①劳：功劳。

【译文】太宗说："处理国家大事，要做好赏与罚。奖赏要与功劳相当，这样无功劳的人就会自动退避。惩罚要与过错相当，作恶的人就会感到畏惧。由此可知，赏和罚是不可以轻易施行的。"

（五）

【原典】

法者，所以禁民为非而使其迁①善远②罪也。

——（北宋）欧阳修《论韩纲弃城乞依法札子》

【注释】①迁：变动，转变。

②远：避开。

【译文】法的功用就是禁止民众做坏事，而使他们做好事，远离犯罪。

（六）

【原典】

法行于贱而屈于贵，天下将不服。天下不服，而求法不行，不可得也。

——（北宋）苏辙《上皇帝书》

【译文】法律只在地位低下的民众中执行，屈服于地位尊贵的人，天下民众就会不服气。天下民众不服，而希望法律顺利执行是不可能的。

【国学常识】

三口铡刀　明正典刑

开封府府尹包公的龙头、虎头、狗头铡三口铡刀一直被民间传为美谈。据说这是由他的谋士公孙策制作的。据记载包公坐轿来至朝中，三呼已毕，出班奏道："臣包拯昨蒙圣恩赐臣御札三道，臣谨遵旨，拟得式样，不敢擅用，谨呈御览。"说着话，黄箱已然抬到，摆在丹墀。圣上一看，原来是三口铡刀的样子，分龙、虎、狗三品。包公又奏："如有犯法者，各按品级行法。"圣上早已明白包公用意，是借"札"字之音改作"铡"字，做成三口铡刀，以为镇吓外官之

开封府内三口铜铡

用，不觉龙颜大喜，称羡包公奇才巧思，立刻准了所奏。《铡美案》不仅彰显了包公刚正不阿，同时还被改编成戏剧和影视作品被后人所传颂。据载，陈世美家境贫寒与妻子秦香莲恩爱和谐，十年苦读陈世美进京赶考，中状元后被仁宗招为驸马。秦香莲久无陈世美音讯，携子上京寻夫，但陈世美不肯与其相认，并派韩琪半夜追杀。韩琪不忍下手只好自尽以求义，秦香莲反被误认为凶手入狱。在陈世美的授意下，秦香莲被发配边疆，半途中官差奉命杀她，幸为展昭所救。包拯欲治陈世美之罪却苦无实证。陈世美假意接秦香莲回驸马府，又以二子逼迫秦香莲在休书上盖印。展昭至陈世美家乡寻得人证祺家夫妇，半途上祺大娘死于杀手刀下，包拯找到人证物证，欲定驸马之罪，公主与太后皆赶至阻挡，但包拯终不让步将陈世美送上龙头铡。

【国学故事】

魔高一尺　道高一丈

子产执政的手段和方式一直被后人称颂。其在治理郑国期间，邓析想方设法为难他。子产颁布新的法令，邓析唆使一些人在交通要道和人群聚集的地方张贴文字公然对抗新法律的实施。子产下令禁止随意张贴，邓析便使人以匿名信的方式进行对抗，子产下令不准随意投递，邓析又想方设法将对抗信的文书夹杂在其他的物品之中进行投递。

子产的法令发生变化，邓析也通过不同的方法进行应付。如此下来，两人的斗争没完没了。如此一来，什么事情可以做，什么事情不能做，在子产与邓析的斗争中变得复杂起来。由于缺乏判断的基本标准，社会的治理也就容易出现混乱。子产自然不愿意看到这种情况的出现。子产最终认定，不符合事理的诡辩是奸巧，有知识和才华却不用在正道上便是欺骗。奸巧诡辩之徒是必须要得到惩治的。

邓析为了跟子产进行斗争，和那些有官司在身的人约定可以通过以衣服为报酬的方式来教他们打官司。大案件以长衣为报酬，小案件以短衣为报酬。很多百姓纷纷来找邓析学习如何打官司。然而，邓析心术不正，并没有告诉百姓打官司要以事实为依据、以法律为准绳的原则，而是教他们以混淆是非的方式进行诡辩。最终导致百姓失去了判断是非的依据，由此也导致郑国变得非常混乱。老百姓也开始议论纷纷，不知所措。

子产最终决定处决邓析这一祸根，并在大庭广众之下进行戮尸。这样民众才开始顺服，是非才最终得以确定，法律才得以顺利实施。

【现实启悟】

权威不在重刑而在机制

"政法机关和政法队伍中的腐败现象，还不仅仅是一个利益问题，很多都涉及人权、人命。有的人搞了腐败，自己得了一些好处，但无辜的人就要有牢狱之灾，甚至要脑袋落地！看到这样的现象，群众心里当然就会有问号，这还是共产党的天下吗?!"习近平同志一针见血地指出了政法机关和政法队伍中的腐败问题，让我们清醒地认识到，当前政法队伍中的腐败问题依然严重，少数政法队伍中的违法违纪问题还很严重，直接损害了人民群众的利益，影响了经济发展软环境，败坏了政法机关的形象。

公职人员作为社会角色当中的特殊群体，自身权力的大小与其所面临的政治风险呈正比。加强对公职人员职务犯罪的检查，完善公职犯罪的处理手段，是构筑职务犯罪检察监督体制的必由之路。当然，广大公职人员应当明确，强化对公职犯罪的检察，严肃处置公职犯罪并不是要打击公职人员。而是要广大公职人员牢固树立起强化自身约束、时刻保持警惕。谨言慎行之余，公职人员应当正确行使自身的权力，避免犯罪。

当然罚是为了不罚，惩是为了不惩。检查监督机制以严苛的处罚来威慑公职人员只是手段，其本质是希望以机制来约束公职人员，这种机制不是杀鸡儆猴式的，只是机制自身具有强制性，其实施的保障具有强制性。检察机关需要严格执行这项制度，其他机关与部门则应当真诚接收监督，逐步改观和杜绝职务犯罪缓刑与免刑比例过高的情形。

由此，我们应当明确法律的终极价值体现在教育和改造上，尽管其体现形式是惩罚式的。我们不提倡对职务犯罪进行额外重刑，同时也应当使职务犯罪的行为应当罚当其罪，不论违法者身份如何，都应当恪守法律底线，不能越雷池半步。

五、不因才而屈法

（一）

【原典】

不法法①，则事毋常；法不法，则令不行。令而不行，则令不法也；法而不行，则修令者不审也；审而不行，则赏罚轻也；重而不行，则赏罚不信也；信而不行，则不以身先之也。故曰：禁胜于身②，则令行于民矣。

——（春秋）管仲《管子·重令》

【注释】　①法法：取法于法，也就是依法办事。
　　　　　②禁胜于身：禁律胜于自身，也就是自己也服从法律。

【译文】　不依法办事，国家就无常规；有法律但不依法推行，则政令就不能实施。法令的发布得不到执行，是因为政令还不是法律；法律制定了但不能执行，是因为政令的制定不够慎重；法律的制定很慎重但还是执行不了，是因为赏赐和惩罚太轻了；如果赏赐和惩罚很重却仍得不到执行，是因为虽有赏罚但却不信实；赏罚守信而法令还是得不到执行，是因为君主不能以身作则。所以说：禁律能够管束君主自身，政令就可在百姓中得到很好的执行。

（二）

【原典】

韩子之所斩也，若罪人，则不可救，救罪人，法之所败也，法败则国乱：若非罪人，则不可劝之以徇①，劝之以徇，是重不辜②也，重不辜，民所以起怨者也，民怨则国危。

——（战国）韩非《韩非子·难一》

【注释】①徇：巡游示众。

②重不辜：双重冤枉无辜的人。

【译文】韩厥要斩杀的如果是罪人，就不应该去救；救有罪的人，是导致法纪败坏的原因；法令败坏，国家就会混乱。如果不是罪人，就不可以劝韩厥把尸体巡行示众。劝韩厥把尸体巡行，使得无辜的人受到死刑和尸体示众双重冤枉。双重冤枉，正是民众产生怨恨的原因。民众有怨恨，国家就有危险了。

（三）

【原典】

明慎所职，毋以身试法。

——（东汉）班固《汉书·王尊传》

【译文】执法者应该忠于职守，执法如山，不要试着亲身去做触犯法律的事，明知故犯。

（四）

【原典】

未闻无能之人，不斗之士，并受禄赏①，而可以立功兴国者也。故明君不言无功之臣，不赏不战之士。

——（三国魏）曹操《曹操集·论吏士行能令》

【注释】①禄赏：俸禄奖赏。

【译文】没有听说没有能力的人，不参加战斗的士兵，却受到俸禄和奖赏，这样可以建立功绩振兴国家的。所以英明的君主不会给没有功绩的臣子授予官职，不会给不参加战斗的战士以奖赏。

（五）

【原典】

又以廷尉、中丞，执法所在，绳①违按罪，不得舞文弄法。

——（唐）李百药《北齐书·补帝纪》

【注释】①绳：墨绳，标准，规则。

【译文】又特别是廷尉、中丞，承担着执行法律的职责，依法治罪，不能够舞弄文字、玩弄法律。

（六）

【原典】

先王重其法令，使无敢动摇将以行天下之政也。今睹国家每降宣①敕条贯，烦②而无信，轻而弗禀③，上失其威，下受其弊。

——（北宋）范仲淹《答手诏条陈十事》

【注释】①降宣：颁布。
②烦：烦琐。
③弗禀：不禀告，不上奏。

【译文】先王非常重视法令，而且不改动以贯彻天下的行政。如今看国家每次颁布敕令，非常繁多却缺乏守信，轻微的变化不予以禀告，君主失去了威严，属下也承受其中弊端。

（七）

【原典】

法者天地大典，帝王犹不敢擅杀，是臣下之权过于人主也。去荣①既杀人不死，则军中凡有技能者，亦自谓无忧，所在横暴。为郡县者，不亦难乎！陛为天下主，爱无亲疏，得一去荣而失万姓，何利之有！

—— （北宋）司马光《资治通鉴·唐纪三十五》

【注释】 ①去荣：人名。即王去荣，唐肃宗时期将军，因私怨杀本县县令，依据唐律当斩。唐肃宗因其善用炮，下赦诏免死，以白衣于陕郡效力。

【译文】 法律，是天地之间的重要的典章。帝王也不能擅自决定杀人，王去荣的做法是臣子的权力超过了君主的权力呀。王去荣已经杀人却可以不死，那么军中所有有技能的，都不担心犯罪，所以变得更加横暴。那些郡守县令，不也是很难办吗？陛下您是天下的主人，对百姓的爱应该没有亲疏之分，如果得到了一个王去荣却失去了万千百姓，这有什么好处呢？

 【国学常识】

《法经》

《法经》由魏国李悝制定，是中国古代社会最早的一部初具体系的法典。《法经》原文已失传，据后来文献记载，《法经》共六篇，即盗法、贼法、囚（网）法、捕法、杂法、具法。后来商鞅带入秦国，在其基础上制定《秦律》。

《法经》共为六篇，以罪名建立刑法体系。盗：将别人的财产用强力据为己有。贼：指杀人和伤人。具和俱音同，是俱的省笔和借字，也就是盗、贼、囚、捕、杂五篇中共同适用的条文。

盗法：是涉及公私财产受到侵犯的法律。

贼法：是有关危及政权稳定和人身安全的法律。

囚法：是有关审判、断狱的法律。

捕法：是有关追捕罪犯的法律。

杂法：是有关处罚狡诈、越城、赌博、贪污、淫乱等行为的法律。

具法：是规定定罪量刑的通例与原则的法律，相当于现代刑法典的总则部分。其他五篇为"罪名之制"，相当于现代刑法典的分则部分。

【国学故事】

甑生获免，谁不觊觎

高甑生于贞观九年（635 年）任盐泽道行军总管、岷州都督。然而此人心术不正，不仅违抗李靖的节制调度，还诬告李靖谋反。最终，高甑生被判死刑。但是，此时又有人为高甑生求情，他们认为高甑生是当年秦王府的功臣，应该给予宽免。唐太宗认为，高甑生当年的确在秦王府有过功绩。这一点值得肯定，但是国有国法，治理国家最终还是要以法律为依据。当初参与太原起兵的作战，立过战功的人很多。如果仅以此赦免了高甑生所有的罪行，今后还有人犯罪以战功为借口的话，我们该如何应对呢。不难想象，一旦开了先例，以后有功的人，都会依仗功劳，犯法作乱。

以此为依据，唐太宗最终决定高甑生死罪可免活罪难逃，免去他的死刑，将其流放。如此一来，既保护了律法的威严，同时又平息了那些有战功的人心中的不平。

绞胎枕　唐

【现实启悟】

职务犯罪　功过不抵

习近平同志在十二届全国人大一次会议江苏代表团审议中语重心长地说："我们国家培养一个领导干部比培养一个飞行员的花费要多得多，而更多的还是我们倾注的精神和精力。但是，一着不慎毁于一旦。不管你以前做了多少有益的工作，功过不可相抵。如果搞不好，领导干部的岗位就真会变成高危职业。"

如习近平同志所言，国家培养一名领导干部所耗费的人力、物力和财力非浅，干部一旦失职或者行为出轨，便是国家乃至整个社会的损失。尽管相对而言，允许普通百姓将功补过充分体现了一种人文关怀。然而对于领导干部而言，将功补过的思想则万万不可有。从本质上说，领导干部大多都是有功之人。对于领导干部而言，功过不能相抵的思想要求领导干部明确对百姓有功是其职责所在，责无旁贷。不能拿自身的职责当做功绩，更不能抵消个人的过失。不能在成绩面前麻痹大意放松警惕，更不能心安理得地认为犯点小错误不算什么。

依法治国对于党政干部而言，其实质意义并不仅仅局限在法律面前人人平等，而应该是法律面前，干部应当具有更高的要求标准。心中时刻对于法律法规保持敬畏。一旦党员干部出现过失，我们更应当依法处置追究到底，绝不姑息养奸，务必要做到惩前毖后。

第六篇 执法严明

追溯我国古代发展史，进入阶级社会以来，漫长的人治史，使古人常把"盛世"的想象完全拴在"明君贤臣"的身上，法的执行与存亡也完全寄托于"人主"及其臣下的贤与不肖。"其所谓法者，一家之法，而非天下之法也。""法随君出，言出法随。"这些实践和主张，使皇权凌驾于法律之上，法律附属于权力。

　　严格执法指的是，要求在掌握标准或执行法规时，不放松、不走样，做到公正、公平、严厉，不搞"人情执法""关系执法""态度执法"，不搞情有可原、下不为例、法不责众。严格执法具体体现于：首先，要求执法人员必须执法严格、公正，严格依照法律规定和程序办案，切实做到以事实为依据，以法律为准绳；其次，要求执法人员尽职尽责、忠于人民，敢于纠正发生的违法行为并依法处罚，不搞"人情执法""关系执法""态度执法"，做到见违必纠、纠违必罚、处罚有据。执法是"立法、执法、司法、守法"整个法治建设链条中最关键的环节。如果在这关键环节掉链子，那么，不仅会对立法的意义产生严重影响，也会给司法和守法带来巨大的影响。习近平同志强调，"要加强对执法活动的监督，坚决排除对执法活动的非法干预，坚决防止和克服地方保护主义和部门保护主义，坚决惩治腐败现象，做到有权必有责、用权受监督、违法必追究。"

　　本篇以古为鉴、古为今用，以"取其精华去其糟粕"的方式汲取国学经典的养分，结合当今时代特点及我国社会实践，坚持严格、文明、公正执法，做到"法立，有犯而必施；令出，唯行而不返"，把"纸面上的法"真正落实为"行动中的法"，切实推进法治国家建设的进程。

一、执法须明正典刑

（一）

【原典】

凡法事者，操持①**不可以不正**②**。**

——（春秋）管仲《管子·版法解》

【注释】　①操持：操办、立身处世的原则。

②不正：不端正；不正派；不正当。

【译文】　在国家的管理过程中，法是一种十分具体的工具。如何正确地使用法，直接关系到社会的稳定和国家的安危。要执法必严，执法公正。

（二）

【原典】

私情①**行而公法**②**毁。**

——（春秋）管仲《管子·八观》

【注释】　①私情：不能秉公执法，对待人、物、事有差异性。有包庇、独爱的嫌疑。

②公法：国家的法令。

【译文】 如果徇私舞弊，不能秉公执法，那么国家的法令就会遭到破坏损害。

（三）

【原典】

求必欲得，禁①必欲止，令必欲行。

——（春秋）管仲《管子·法法》

【注释】 ①禁：在此是指法禁，禁令。

【译文】 国家有要求的一定要做到，国家要禁止的一定要杜绝，国家颁布的法令一定要实行。

（四）

【原典】

宥①过②无大，刑故③无小。

——春秋《尚书·大禹谟》

【注释】 ①宥：宽恕。
②过：无意的过失。
③故：故意的犯罪。

【译文】 宽恕无意的过失，无论（这过失）有多大；惩罚故意的犯罪，无论（这犯罪）有多小。

（五）

【原典】

夫制国①有常②，而利民为本，从政有经，而令行为上。

——（西汉）刘向《战国策·赵策》

【注释】①制国：管理国家。

②常：规律。下文的"经"也是这个意思。

【译文】管理国家自有其规律，那就是以有利于人民为根本；从政也有其规律，那就是以执行法令为最高原则。

（六）

【原典】

曲木恶①绳②直，奸邪恶正法。

—— （西汉）桓宽《盐铁论·申韩》

【注释】①恶（wù）：厌恶。

②绳：木匠用的墨线。

【译文】弯曲的木材憎恶墨线取直，坏人憎恶执法严正。

（七）

【原典】

令在必信①，法在必行。

—— （北宋）欧阳修《司门员外郎节公谨等磨勘改官制》

【注释】①信：讲信用。

【译文】政令就在于一定是要讲信用，法律就在于务必执行。

（八）

【原典】

法正则民悫①，罪当②则民从。

—— （西汉）司马迁《史记·孝文帝本纪》

【注释】①悫（què）：诚实谨慎。

②罪当：治罪得当。

【译文】执法严正，百姓就诚实谨慎；治罪得当，民众就会服从。

《唐律疏议》

《唐律疏议》原名律疏，又名《唐律》《唐律疏义》。故《唐律疏议》是东亚最早的成文法之一。唐朝刑律及其疏注的合编，亦为中国现存最古老、最完整的封建刑事法典，共 30 卷，唐代长孙无忌等奉皇帝之命编撰。

《唐律疏议》实际上由两部分组成，即《唐律》的律文部分及长孙无忌等人对律文的疏释部分。因为文中疏释部分以"议曰"二字开头，所以被人们称为《唐律疏议》，或者《唐律疏义》。

《唐律疏议》总结了汉魏晋以来立法和注律的经验，不仅对主要的法律原则和制度作了精确的解释与说明，而且尽可能引用儒家经典作为律文的理论根据。《唐律疏议》的完成，标志着中国古代立法达到了最高水平。

作为中国封建法制的最高成就，《唐律疏议》全面体现了中国古代法律制度的水平、风格和基本特征，成为中华法系的代表性法典，对后世及周边国家产生了极为深远的影响。同时，此前的《贞观律》等至今都已遗失，所以，《唐律疏议》成为中国历史上迄今保存下来的最完整、最早、最具有社会影响的古代成文法典。在中国古代立法史上占有最为重要的地位。

【国学故事】

诸葛亮挥泪斩马谡

据史载，蜀后主建兴六年（228 年），诸葛亮为实现一统大业，发动了一场北伐曹魏的战争。他亲率十万大军，命令邓芝、赵云为疑军，占据箕谷（今陕西汉中市北），突袭魏军据守的祁山（今甘肃）。并力排众议，任命参军马谡为前锋，镇守战略要地街亭（今甘肃秦安县东北）。临行前，诸葛亮对马谡再三嘱咐："街亭虽小，关系重大。它是通往汉中的咽喉。如果失掉街亭，我军必败。"并进一步强调要"靠山近水安营扎寨，谨慎小心，不得有误"。

马谡到达街亭后，将诸葛亮"靠山近水安营扎寨"的指令抛于脑后，置若罔闻，擅自做主自作聪明地将大军部署在远离水源的街亭山上。当即，副将王平谏言："街亭一无水源，二无粮道，若魏军围困街亭，切断水源，断绝粮道，蜀军则不战自溃。请主将遵令履法，依山傍水，巧布精兵。"马谡不但不听劝阻，还骄傲自满地说："马谡通晓兵法，世人皆知，连丞相有时也请教于我，而你王平生长戎旅，手不能书，知何兵法？"继而又自信地说："居高临下，势如破竹，置死地而后生，这是兵家常识，我将大军布于山上，使之绝无反顾，这正是致

五彩"诸葛亮挥泪斩马谡"
柳叶瓶（局部）　　清

胜之秘诀。"王平再谏劝阻："如此布兵危险。"马谡见王平不服，怒火冲天地说："丞相委任我为主将，部队指挥我负全责。如若兵

败，我甘愿革职斩首，绝不怨怒于你。"王平宁死不屈、义正辞严地说："我对主将负责，对丞相负责，对后主负责，对蜀国百姓负责。最后恳请你遵循丞相指令，依山傍水布兵。"但马谡仍固执己见，将大军布于街亭山上。

魏明帝曹睿获悉蜀将马谡占领街亭，立即派骁勇善战，曾多次与蜀军交锋的张郃领兵抗击，张郃进军街亭，侦察到马谡舍水上山，心中窃喜，立即挥兵切断水源，掐断粮道，将马谡部围困于山上，而后纵火烧山。蜀军饥渴难忍，军心涣散，不战自乱。张命令乘势进攻，蜀军大败。马谡失守街亭，战局骤变，迫使诸葛亮退回汉中。

事后，诸葛亮总结战役失利的教训，追悔莫及、痛心疾首地悔恨道："用马谡错矣。"为从严治军，诸葛亮不得不下令将马谡军法处置，革职入狱，斩首示众。临刑前，马谡上书诸葛亮："丞相待我亲如子，我待丞相敬如父。这次我违背节度，招致兵败，军令难容，丞相将我斩首，以诫后人，我罪有应得，死而无怨，只是恳望丞相以后能照顾好我一家妻儿老小。这样我死后也就放心了。"诸葛亮泪流满面地看完，内心百感交集，如若处斩曾为自己十分器重赏识的"左膀右臂"，心如刀绞；如若法外开恩，网开一面，赦免一死，又恐失去人心，无法实现一统天下的夙愿。权衡之下，他不得不强忍悲痛，让马谡放心去，自己将其儿子收为义子。此事，全军将士无不为之震撼。

 【现实启悟】

法之必行、执法如山

古语云："天下之事，不难于立法，而难于法之必行"，"世不患无法，而患无必行之法"。法律的生命力在于实施。习近平同志在十八届中央政治局第四次集体学习时强调，法律的权威在于实施。倘若有了法律却实施不力，或者不实施，使得有法不依、执法不严、违法不究，那么法律的数量再多也无济于事。

现实生活中，我们时常遇到"人情执法""关系执法""态度执法"等执法不规范、不严格、不透明、不文明、不作为等问题。这些问题的出现与执法失之于松、失之于宽脱不了干系。因而，人民群众对法治建设的诉求和意见也更多聚焦到严格执法上来。只有严格执法，才能将"纸上之法"转化为"行动之法"，才能切实推动法治中国建设的步伐。法之必行，关乎公民对法律的尊奉。"法立，有犯而必施；令出，唯行而不返"，如果有了法却不严格执行，法律就成了"纸上谈兵"。长此以往，势必影响民众对法律的尊崇和认同，势必削弱执法及司法的公信力。只有执法必严、违法必究，才能牢固公民对法律的尊奉，才能形成井然有序的法治氛围。

法之必行，关乎社会公平正义的实现。"法令至行，公正无私"。法律的实施，要求执法必严、执法必公。随着人民物质生活水平的提高，精神文化生活的提升，信息收悉渠道的拓宽，人们的法律意识和权利意识也日趋增强，对社会公平正义的要求也越来越高。如果执法"徇私情""失偏颇"，同事不同罚就会有损社会公平正义，引发社会矛盾，影响社会稳定。只有坚持以"看得见"的方式实现严格执法，才能彰显公平、伸张正义。

法之必行，关乎法治政府的建设。政府是执法的主体。在我国，大约百分之八十的法律、百分之九十的地方性法规及近乎所有的行政法规的执法工作都是由行政机关来承担的。当前，执法领域存在着有法不依、执法不严、违法不究甚至是权钱交易、徇私舞弊、以权压法等突出的问题。对建设法治政府而言，进一步推进各级政府行政、严格执法，是迫在眉睫的任务。

二、断狱当以法为准

（一）

【原典】

罪疑①惟②轻，功疑惟重。与其杀不辜，宁失不经③。

——春秋《尚书·大禹谟》

【注释】 ①疑：不能确定。

②惟：同"唯"。

③不经：不合常法，不按既定规矩办。

【译文】 罪恶可疑的，罚要从轻；功劳可疑的，赏要从重。定罪有疑问时要从轻，不能从重，宁可有"不经"之失误，也不能枉杀无辜。

（二）

【原典】

治强①生于法②，弱乱③生于阿④。

——（战国）韩非《韩非子·外储说右下》

【注释】 ①治强：安定强大。

②法：执法，实行法治。

③弱乱：衰弱动乱。

④阿：徇私，偏袒，不依法办事。

【译文】 国家太平强盛在于坚持法治，衰败动乱在于徇私偏袒。

（三）

【原典】

赏必加于有功，刑①必断于有罪。

—— （西汉）刘向《战国策·秦策》

【注释】 ①刑：用刑，惩罚。

【译文】 奖赏必须落实到有功者的身上，刑罚必须施加给有罪的人。

（四）

【原典】

执法而不求①情，尽心而不求名。

—— （北宋）苏洵《上韩枢密书》

【注释】 ①求：设法得到。

【译文】 严格执行法令而不讲情面，尽职尽责而不图名利。

（五）

【原典】

吏人盖①法律为师也。

—— （元）张养浩《权力忠告》

【注释】 ①盖：文言虚词。

【译文】 作为官吏，应该把法律作为处理公务的老师。

（六）

【原典】

凡事不可轻疑，惟断狱①不可不疑。

——（明）吕坤《呻吟语·刑法》

【注释】 ①断狱：定案。

【译文】 对任何事情都不能轻易怀疑，唯独断案不可不多提出疑问。

（七）

【原典】

言①出为箭，执法如山。

——（清）李海观《歧路灯》

【注释】 ①言：说的话。

【译文】 说出口的话就像射出去的箭一样，一言既出，驷马难追。执行法令应该坚定如山，毫不容情。

 【国学常识】

《大明律》

《大明律》是中国明朝法令条例，由明朝开国皇帝朱元璋总结历代法律施行的经验和教训详细制定而成。《大明律》适应形势的发展，变通了体例，调整了刑名，肯定了明初人身地位的变化，注重了经济立法，在体例上表现了各部门法的相对独立性，并扩大了民法的范围，同时在"礼"与"法"的结合方面呈现出新的特点。

《大明律》共分三十卷，篇目有名例一卷，包括五刑（笞、杖、徒、流、死），十恶（谋反、谋大逆、谋叛、恶逆、不道、大不敬、不孝、不睦、不义、内乱）、八议（议亲、议故、议功、议贤、议能、议勤、议贵、议宾），以及吏律二卷、户律七卷、礼律二卷、兵律五卷、刑律十一卷、工律二卷，共 460 条。这种以六部分作六律总目的编排方式，是承《元典章》而来的，与《唐律》面目已不尽相同，在内容上也较《唐律》有许多变更。又增加了"奸党"一条，这是前代所没有的。在量刑上大抵是罪轻者更为减轻，罪重者更为加重。前者主要指地主阶级内部的诉讼，后者主要指对谋反、大逆等民变的严厉措施。不准"奸党""交结近侍官员"，"上言大臣德政"等，反映了明朝初年朱元璋防止臣下揽权、交结党援的集权思想。

　　在刑法上，《大明律》源于《唐律》，以笞、杖、徒、流、死为五刑，即所谓正刑，其他如律例内的杂犯、斩、绞、迁徙、充军、

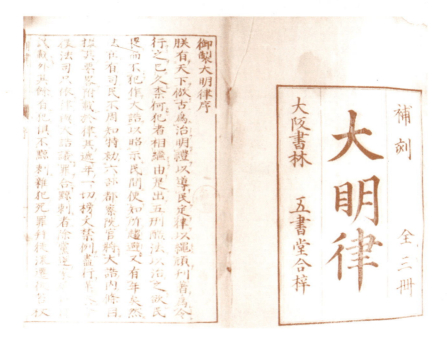

《大明律》书影

枷号、刺字、论赎、凌迟、枭首、戮尸等，有的承自前代，有的为明代所创。所谓廷杖就是朱元璋开始实行的，《大明律》未规定的其他酷法漤刑也层出不穷。至于锦衣卫的"诏狱"杀人最惨，为害最甚。其后又有东厂、西厂、内厂相继设立，酷刑峻法，愈演愈烈，直到明亡。

明代比较重视法制的建设与实践，其中历经三次大规模修订的《大明律》就是其中最重要的成果。《大明律》在中国古代法典编纂史上具有革故鼎新的意义。它不仅继承了明代以前的中国古代法律制定的优良传统，也是中国明代以前各个朝代法典文献编纂的历史总结，而且还开启了清代乃至近代中国立法活动的发展。《大明律》在明代实施的过程中，虽然也不断受到"朕言即法"的干扰，但这些干扰始终未能影响它的正统法典的地位。

【国学故事】

戴胄据法抗敕

唐太宗因为兵部郎中戴胄忠诚廉洁、公平正直，所以把他提升为大理寺少卿，当时在遴选官员中，有很多选人伪造资历，冒充名门，弄虚作假，骗取官职。唐太宗下令搞诈冒的人自首，如果不自首就要处以死刑。不久，查出来一个搞诈冒的人，唐太宗想把他杀掉。

针对这个人戴胄上奏说："据所法律规定，对这个人应当判处缓刑。"唐太宗生气地说："这不是你想遵守法律却不执行我的命令而使我失信吗？"戴胄回答说："皇帝的命令有时是出于一时的喜怒，而法律是国家取信于民的东西。陛下痛恨那些伪造资历出身的选人，所以想把他们处死，现在既然知道了这样做不妥当，转过来依法处理，这才是忍耐小忿而保存大信。"唐太宗说："你能够这样坚决地严格执法，我还有什么可忧虑的呢！"

"令"实际上体现的是权。应该是令服从于法，还是法服从于令？对此，戴胄有深刻的见解："敕者出于一时之喜怒，法者所以布大信于天下也。"如果以令代法，必然是今天这样，明天那样，宽严轻重随当权者的感情变化而变化。这样，人们将无所适从而导致社会的混乱。法是统治阶级意志的体现，法律规范是一种社会规范。只有严格依法办事，用以规范人们的行为，才能形成统一的意志，维护统治阶级的根本利益。因此，坚持以令代法，是政治上的短视，只能造成社会管理的失控和无序，甚至导致政权的动摇和崩溃。戴胄规劝唐太宗"忍小忿而存大信"是有深刻道理的。坚持法大于令也是很值得借鉴的。

在封建社会，皇帝是至高无上的，皇帝的命令被作为金科玉律，如果违抗，后果不堪设想。但是，在"敕令自首，不首者死"的情况下，戴胄不顾违抗圣旨的危险，仍然坚持依法判案，这种精神是十分可贵的。唐太宗在听了戴胄的陈述后，不仅不怪罪于他违旨，还采纳了他的意见，并对他进行了称赞和鼓励。一个封建皇帝能如此，非常难得。

【现实启悟】

筑牢公正司法这道关键防线

习近平同志在十八届中央政治局第四次集体学习时讲话强调："所谓公正司法，就是受到侵害的权利一定会得到保护和救济，违法犯罪活动一定要受到制裁和惩罚。如果人民群众通过司法程序不能保证自己的合法权利，那司法就没有公信力，人民群众也不会相信司法。法律本来应该具有定分止争的功能，司法审判本来应该具有终局性的作用，如果司法不公、人心不服，这些功能就难以实现。"

"天下之事，不难于立法，而难于法之必行。"目前，司法公信力不高、司法不公的问题凸显。实践中，"吃了原告吃被告""案子一进门，两头都托人"，关系案、人情案、金钱案等现象层出不穷、屡禁不止。有的有案不立、有罪不究，有的插手经济纠纷、越权管辖，有的贪赃枉法、徇私舞弊甚至刑讯逼供等。这些现象就像一个"毒瘤"，吞噬了群众的合法权益，损害了法律权威和法治公信，戕害了社会公平正义。筑牢公正司法这道关键防线已迫在眉睫。

筑牢公正司法这道关键防线，就要加强人权司法保障。人权是人依法所拥有的自由和权利，就像鸟儿拥有天空、鱼儿拥有水一样。司法是保障人权的坚强后盾，它胸怀公正之天平、手持正义之法槌。通过司法活动，筑牢保障人权之屏障，是实现司法公正的核心所在。

筑牢公正司法这道关键防线，就要实现阳光司法。阳光是最好的消毒剂、杀虫剂、防腐剂。倘若权力运行不见阳光，或是有选择地见阳光，公信力的树立将无从谈起。执法、司法公开程度越高，就越有公信力和权威。随着科技的发展，收悉信息渠道的拓宽，现在人人都是麦克风，人人都有摄像机，人人都能即时收发信息，这就使得执法、司法活动时刻处在媒体聚光灯下、公众视野里。这就要求政法机关更加公开公正，自觉接受监督。

筑牢公正司法这道关键防线，就要优化司法职权配置。要健全司法权力分工负责、相互配合、相互制约的制度安排。伟大的哲学家马克思曾说："法官是法律世界的国王，除了法律就没有别的上司。"法官手握定分止争、生杀予夺的权力，只有依法独立行使裁判，才能不受外界因素干扰，才能做到"法不阿贵，绳不绕曲"。

"凡法事者，操持不可以不正。"在改革"快步跑"的今天，人民更加期待公平正义。"让人民群众在每一个司法案件中都感受到公平正义"，这是党对人民许下的庄严承诺。

三、不以至尊喜怒毁法

（一）

【原典】

法律令者，吏民规矩①绳墨②也。

——（春秋）管仲《管子·法禁》

【注释】 ①规矩：规则与礼法。

②绳墨：比喻规矩或法度。

【译文】 君主大臣和百姓平民同样应当遵从法律。

（二）

【原典】

法之不行①，自上犯之。

——（西汉）司马迁《史记·商君列传》

【注释】 ①不行：不成功，无用。

【译文】 法令得不到执行，关键是上层有人犯法。

（三）

【原典】

好^①以智^②矫法^③，时^④以私杂公，法禁变易^⑤，号令数^⑥下者，可亡也。

———（战国）韩非《韩非子·亡征》

【注释】 ①好：喜欢。

②智：在此是指鬼点子，自作聪明的意思。

③矫法：篡改法的原则。

④时：经常。

⑤变易：（经常）变换。

⑥数（shuò）：屡次。

【译文】 喜欢凭自己的小聪明篡改法律，经常假公济私，国家法律朝令夕改，屡次如此，就会导致国家灭亡。

（四）

【原典】

一天下^①者，令于天下则行，禁焉^②则止。

———（秦）尸佼《尸子·卷上·贵言》

【注释】 ①一天下：统治天下。

②焉：于此，在这里相当于"于天下"。

【译文】 统治天下，要求天下人做的事，就一定要使之做到，下令禁止的，就一定要禁止。

（五）

【原典】

刑滥，则小人道①长；赏谬，则君子道②消。

——（唐）吴兢《贞观政要·刑法》

【注释】①小人道：小人之道。指各种歪风邪气。

②君子道：君子之道。指各种良好的思想言行。

【译文】滥用刑罚，歪风邪气就会滋长；奖赏不当，良好的思想言行之事就会越来越少。

（六）

【原典】

法者，国家所以布①大信于天下；言②者，当时喜怒之所发耳。

——（五代后晋）刘昫《旧唐书·戴胄传》

【注释】①布：传布、发布。

②言：在此指皇帝所说的话。

【译文】法令是国家用来将最大信用公诸天下的；帝王的言语，只不过是一时喜欢或者愤怒的发泄罢了。

（七）

【原典】

今后官民有犯罪责者，若不顺受①其犯，买重作轻，买轻诬重，或尽行买免，除死罪坐死勿论，余者徒流迁徙笞杖②等罪贿赂出入，致令冤者不伸，枉者不理，虽笞亦坐以死。

——（明）朱元璋《御制大诰·官民犯罪》

【注释】①顺受：诚心服从。

②笞杖：古代的刑罚。

【译文】今后官员及百姓有犯罪受到责罚的，如果不服从罪刑，通过贿赂将重刑改为轻刑，或者通过贿赂将轻罪诬告为重罪，或者通过贿赂全部免罪，除了处以死罪连坐处死之外，其他涉及徒刑、流刑、迁徙或者笞杖等罪刑通过贿赂出罪入罚的，导致冤屈无法伸张的，冤枉不被受理的，即便是判处笞刑的，也要处以死刑。

【国学常识】

韩非与"法治"

韩非为韩国公子（即国君之子），汉族，战国末期韩国（今河南省新郑）人。是中国古代著名的哲学家、思想家，政论家和散文家，法家思想的集大成者，后世称"韩子"或"韩非子"，中国古代著名法家思想的代表人物。

韩非主张改革和实行法治，要求"废先王之教""以法为教"。他强调制定了"法"，就要严格执行，任何人也不能例外，做到"法不阿贵""刑过不避大臣，赏善不遗匹夫"。对于臣下，他认为要去"五蠹"，防"八奸"。所谓五蠹，就是指：（1）学者（指儒家）；（2）言谈者（指纵横家）；（3）带剑者（指游侠）；（4）患御者（指依附贵族并且逃避兵役的人）；（5）商工之民。他认为这些人会扰乱法制，是无益于耕战的"邦之虫"，必须铲除。所谓"八奸"，就是指：（1）"同床"，指君主妻妾；（2）"在旁"，指俳优、侏儒等君主亲信侍从；（3）"父兄"，指君主的叔侄兄弟；（4）"养殃"，指有意讨好君主的人；（5）"民萌"，指私自散发公财取悦民众的臣下；（6）"流行"，指搜寻说客辩士收买人心，制造舆论的臣下；（7）"威强"，指豢养亡命之徒，带剑门客炫耀自己威风的臣下；（8）"四方"，指用国库财力结交大国培养个人势力的臣下。这些人都有良好的条件威胁国家安危，要像防贼一样防备他们。

当时，在中国思想界以儒家、墨家为显学，崇尚"法先王"和"复古"，韩非的观点是反对复古，主张因时制宜。韩非根据当时的形势情况，主张法治，提出"重赏、重罚、重农、重战"四个政策。韩非提倡君权神授，自秦以后，中国历代封建王朝的治国理念都颇受韩非学说的影响。

 【国学故事】

张释之执法守正

有一次汉文帝外出巡视，在路过中渭桥时，突然有一个人从桥下跑出来，惊了文帝的御马。文帝命令骑士把那个人抓住，交给廷尉衙门去处理。张释之进行了审问。那人说："我是县里的老百姓，走到桥边，赶上皇上经过而禁止通行，就躲到了桥下。过了好长时间，我以为皇上的车队已经过去了，就走了出来，谁知正好碰上了皇上的御车，吓得我拔腿就跑。"张释之根据他的行为作了判决，然后向文帝回奏："这个人是犯了禁令，按法律规定，应当判处罚金。"文帝听后很生气地说："这个人惊了我的御马，幸亏这匹马性情温和，如果是匹烈马，那不就把我摔伤了吗？可是你廷尉却只判处个罚金！"张释之回答说："法律是皇上和全国人都应该遵守的。现在的法律条文规定对这个人只能判罚金，如果不按规定处以重判，我朝的法律就会失信于民了。如果在事发的当时，皇上下令立即把这个人杀了，那也就算了。现在已经交给了廷尉，廷尉应该是天下最公平的官，如果廷尉出偏差或轻或重，天下百官在执法上也必然依此效法，那么老百姓对法律就无所适从了。希望皇上考虑！"过了好一阵子，文帝终于说："廷尉的判决是对的。"

无意触犯，按法律规定，应当处以罚金。但是，这件事情直接关系到文帝的安全，而且文帝一听处以罚金就十分恼火。作为廷尉

河南南阳张释之祠

如果是势利小人或者有私心杂念，必然讨好皇帝，践踏法律。但张释之根本不是这样，而是以国家的利益为重，即使皇帝恼怒，也敢于坚持原则，讲明道理，陈述利害，终于说服了文帝，坚持了依法办事。这种精神是十分可贵的。张释之在说服汉文帝时说："法者，天子所与天下公共也。今法如此，而更重之，是法不信于民也。"这就是说，法律是人们普遍的行为规范，即使是皇帝也不能例外。如果当权者随便更改它，以言代法，那就会使法律失信于民而失去作用。他还说："廷尉，天下之平也，一倾，而天下用法皆为轻重，民安所措其手足？"这就是说，执法者应当像天平一样公平，如果想轻就轻，想重就重，老百姓将无所适从，整个社会也就乱套了。

【现实启悟】

依法治国要抓紧领导干部这个"关键少数"

中国封建社会"生杀之柄，人主所得专"，权大于法，权尊于法，法律君属，君主拥有至高无上的地位。正如中国思想启蒙之父黄宗羲言："其所谓法者，一家之法，而非天下之法也。"漫长的

"人治"史，使古人常把"盛世"的想象拴在"明君贤臣"身上，法的存亡也完全寄托于"人主"及其臣下的贤与不肖。新中国成立后，我们党和国家总结历史经验和教训，得出依法治国的重要结论。要想筑牢执政基础，法治必不可少。

习近平同志早年在《激浊扬清正字当头》一文中指出："党员干部如果失去律己之心，随波逐流，趋利媚俗，放纵自己，就会混淆是非，走上邪路。"

法者，天下之程式也，万事之仪表也。领导是否做尊法、学法、守法、用法的模范，关乎法治中国的成色；领导干部是否尊法、是否学法、是否守法、是否用法，人民群众都看在眼中、记在心上，并且会效仿到自己的行动中。如果领导干部尊法、学法、守法、用法，老百姓就会跟着尊法、学法、守法、用法。如果领导干部挂羊头卖狗肉，当面是人、背后是鬼，装模作样、装腔作势，老百姓就不可能信你那一套，正所谓"其身正，不令而行；其身不正，虽令不从"。所以，习近平同志在省部级主要领导干部学习依法治国专题研讨班上再次强调，"各级领导干部在推进依法治国方面肩负着重要责任，全面依法治国必须抓住领导干部这个'关键少数'"。

法律必须被信仰，否则形同虚设。领导干部要带头敬畏法律、尊崇法治。只有内心敬畏、尊崇法治，行动上才会遵守法律。只有铭刻于人们心中的法治，才是坚不可摧的法治。

四、三尺之法绳四海之人

（一）

【原典】

使吏非法无以守，则虽巧①不得为奸。

——（战国）商鞅《商君书·慎法》

【注释】①巧：虚伪、狡猾。

【译文】要使官吏除了法令之外就没有遵守的东西。这样，官吏再狡猾也干不成坏事。

（二）

【原典】

一①民之轨②莫如法。

——（战国）韩非《韩非子·有度》

【注释】①一：统一，使之一致。

②轨：法度，法则。

【译文】统管百姓的法则，没有什么比法更好的了。

（三）

【原典】

寄治乱于法术^①，托是非于赏罚。

—— （战国）韩非《韩非子·大体》

【注释】①法术：即法治。

【译文】把治理无序混乱寄托于法治，把明辨是非寄托于赏罚。

（四）

【原典】

以君之贵，奉公如法则上下平，上下平则国强。

—— （西汉）司马迁《史记·廉颇蔺相如列传》

【译文】以您高贵的身份，奉公守法则社会安定，社会安定则国家强盛。

（五）

【原典】

尽忠益时^①者虽雠^②发赏，犯法怠慢者虽亲必罚。

—— （西晋）陈寿《三国志·蜀书·诸葛亮传》

【注释】①益时：有益于时世。

②雠（chóu）：仇敌。

【译文】对尽忠报国、为社会作出贡献的人，即使是自己的仇敌，也一定要给予奖赏。对违犯法律玩忽职守的人，就算是自己的至亲也一定要惩罚。

（六）

【原典】

周穆王末年，耄^①于用刑，是时甫侯^②为王之卿士，夏有赎刑之法，甫侯遂训^③其赎刑^④，谓罪疑是而似非，故不忍加诛，虑及无辜，遂使得入金以赎其罪。

——（唐）长孙无忌等《唐律疏议·名例》

【注释】 ①耄：八九十岁的老人。

②甫侯：人名。

③训：法则，法式。

④赎刑：以缴纳钱财以替代刑罚执行的刑罚执行方式。

【译文】 周穆王末年，对八九十岁的老人仍动用刑罚，那时甫侯是周穆王的卿士，夏朝有规定以赎金方式替代执行刑罚的法律，甫侯于是将赎刑规定为法律范式，说如果某一行为好像是犯罪但实际上不构成犯罪，所以不忍心诛杀，考虑避免伤及无辜，于是可以让他们缴纳金钱以赎罪。

【国学常识】

管仲

管仲（前723—前645），姬姓，管氏，名夷吾，字仲，谥敬，春秋时期法家代表人物。被称为管子、管夷吾、管敬仲，颍上（今安徽省颍上县）人，周穆王的后代。中国古代著名的哲学家、政治家、军事家。被誉为"法家先驱""圣人之师""华夏文明的保护者""华夏第一相"。被道教列奉为"丙申太岁管仲大将军"。

管仲是我国古代重要的政治家、军事家、思想家，也是先秦诸子中法家学派的代表人物。春秋战国时期，中国正处于社会转制、

山东临淄管仲纪念馆

国家转型的关键时期，诸侯各国的思想家进行着激烈的思想大论战。儒家、法家、道家、墨家等学派在治国方略的选择和运用上，仁者见仁，智者见智，其中核心的是法家的"德治"与"法治"之争，而最早提出"法治"主张的思想家是时任齐国国相管仲。管仲推行了一系列社会变革措施，提出了前所未有的治国理论，即以法治国的主张。作为法家的重要代表之一，管子的思想丰富而有影响力。集中体现于《管子》一书。此书篇幅宏伟，内容复杂，思想丰富。如《牧民》《形势》等篇讲霸政法术；《侈靡》《治国》等篇论经济生产，此亦为《管子》之精华，可谓齐国称霸的经济政策；《七法》《兵法》等篇言兵法；《宙合》《枢言》等篇谈哲学及阴阳五行等；其余如《大匡》《小匡》《戒》《弟子职》《封禅》等为杂说。《管子》是研究我国古代特别是先秦学术文化思想的重要典籍。

【国学故事】

唐俭争棋　敬德护律

唐贞观年间（627—649），吏部尚书唐俭与太宗下棋。唐俭与太宗争棋，太宗大怒，出之为潭州刺史。余怒犹未尽，对尉迟敬德说："唐俭轻视我，我要杀了他。请你替我搜集他怨望指斥的言论。"尉迟敬德含糊答应。按《唐律》：臣子若口出怨言，指斥乘舆（皇帝），且言理切害，为大不敬之罪，属"十恶"之一，有犯者杀无赦。故唐俭若被查出有怨望指斥之语，罪当处死。

次日上朝，尉迟敬德叩拜于地，奏称："臣实不闻唐俭有怨望指斥之言。"太宗问之再三，尉迟敬德不改其奏。太宗怒，夺过他手中的玉笏，摔碎在地上，拂袖而去。过了许久，太宗置酒召三品以上官入宴，他对诸大臣说："尉迟敬德今日之事做得对，有三利三益，三利是：唐俭免枉死，朕免枉杀，尉迟敬德免曲从；三益是：朕有恕过之美，唐俭有再生之幸，尉迟敬德有忠直之誉。"言罢赏尉迟敬德帛千匹。

【现实启悟】

依三尺之律、绳四海之人

改革开放三十多年来，我国的社会主义法治建设取得了阶段性的成就，但同时也存在一些问题。比如，"信权不信法""信钱不信法""信访不信法""遇事找人不找法"等现象普遍；"大闹大解决、小闹小解决、不闹不解决"等现象蔓延；"以言代法、以权压法、徇私舞弊"等"顽疾"依旧存在。溯其"成因"，究其"病根"，还在于全社会没有真正树立法治观念，法治意识不强。

　　造成这一"顽疾"的成因，可从两方面加以分析。首先，"先天不足"。我国历史上存续长达两千多年的封建专制，"人治"思想根深蒂固，"人治"文化也影响深远，这成为现代法治观念形成的"先天缺陷"因素。其次，"后天无力"。实践中"违法成本低、守法成本高"的现象，又不同程度地削弱了法律的权威。

　　"三尺之法，绳四海之人"推进全民守法，要着重紧抓以下几个方面："把权力关进制度的笼子"，权力本身就具有扩张性，要扎紧制度的牢笼，拽紧权力之缰绳。坚决杜绝"以言代法""以权压法"等徇私枉法的行为。历史上，礼制、大臣议政、封驳、谏官等制度都是限制权力任意性的制度设计。"法不责众"。曾一度引发广泛热议的"中国式过马路"，明知"红灯停、绿灯行、黄灯亮了等一等"，现实中却成了"凑够一撮人就走，管它红灯或绿灯"。折射出人们法治观念的缺失和规则意识的淡薄。这就要求把全民普法和守法作为全面依法治国的长期基础性工作来抓，着力增强全民的法治观念，使知法、尊法、守法成为全民的自觉行动。

五、弹劾重罪不拘常规

（一）

【原典】

其身①正，不令②而行；其身不正，虽令不从。

——春秋《论语·子路》

【注释】①身：指为官者本身。

②令：发布政令。

【译文】如果长官自己清正廉明，不用发布政令，人们也会按照他的意图去做；如果他自己不是清正廉明，即使他强下政令，人们也是不会服从的。

（二）

【原典】

和民①一众②，不知法不可；变俗易教③，不知化④不可。

——（春秋）管仲《管子·七法》

【注释】①和民：使民众和谐一致。

②一众：统管民众。

③变俗易教：移风易俗。

④化：德化，政治教化。

【译文】 要使民众和谐一致，不懂得法律是不行的；要移风易俗，搞好社会风气，不懂得政治教化是不行的。

（三）

【原典】

言不中①法者，不听也；行不中法者，不高②也；事不中法者，不为也。

——（战国）商鞅《商君书·君臣》

【注释】 ①中：合。

②高：推崇。

【译文】 言论不合法度，就不听从；行为不合法度，就不推崇；事情不合法度，就不去办。

（四）

【原典】

故治民无常，唯法为治。法与时①转则治，治与世②宜则有功。

——（战国）韩非《韩非子·五蠹》

【注释】 ①时：泛指一段时间。

②世：一个时代。

【译文】 治理臣民没有永恒不变的常规，只有用法律。法律随时代而变化则社会稳定，治国的措施适应社会现实，就会发挥作用。

（五）

【原典】

治国无法则乱，守法而弗①变则悖，悖②乱不可以持国。

—— （秦）吕不韦《吕氏春秋·察今》

【注释】 ①弗：不。

②悖（bèi）：相反，违反。

【译文】 治理国家如果没有法制，就会天下大乱，死守旧法而不变革，就必然违反实际，没有法律或死守旧法都是不能治理好国家的。

（六）

【原典】

世不患①无法，而患无必行之法。

—— （西汉）桓宽《盐铁论》

【注释】 ①患：忧虑。

【译文】 社会不担心没有法令，而是担心没有坚决执行的法令。意思是无法可以制定，有法不执行会造成严重损害。

（七）

【原典】

刑一①而正百，杀一而慎万桓宽。

—— （西汉）桓宽《盐铁论》

【注释】 ①刑一：对一个人用刑。

【译文】对一个坏人用刑就会使一百个人走正道；杀了一个重大罪犯，就会使一万个人谨慎守法。

【国学常识】

商鞅与商鞅变法

商鞅（约前395—前338），先秦法家代表人物。战国时期政治家、改革家、思想家，法家代表人物，卫国（今河南省安阳市内黄县梁庄镇）人，卫国国君的后裔，姬姓公孙氏，故又称卫鞅、公孙鞅。后因在河西之战中立功获封商于十五邑，号为商君，故称之为商鞅。

武士斗兽纹铜镜　战国　秦

商鞅通过变法使秦国成为富裕强大的国家，史称商鞅变法。经过变法，秦国改变了旧有的生产关系，废井田开阡陌，从根本上确立了土地私有制；政治上，打击并瓦解了旧的血缘宗法制度，使封建国家机制更加健全，中央集权制度的建设从此开始；军事上，奖励军功，达到了强兵的目的，极大地提高了军队的战斗力，发展成为战国后期最强大的封建国家，为秦的下一步战略发展创造了有利的条件，为统一全国奠定了基础。

商鞅变法的进步之处在于它是战国时期一次较为彻底的封建化变法改革运动，顺应了封建历史发展的潮流，推动奴隶制社会向封建制社会转型，符合新兴地主阶级的利益，大大推动了社会进步和历史的发展。通过改革，秦国废除了旧的制度，创立了适应社会经济发展的新制度，推动了秦国社会的进步，促进了经济的发展。同时，壮大了国力，实现了富国强兵。为以后秦统一全国奠定了基础，对中国历史的发展起到了重要的作用。

但是商鞅变法中轻视教化，鼓吹轻罪重罚，在一定程度上加重了广大人民所受的剥削与压迫，给广大人民带来巨大的痛苦；同时，变法并未与旧的制度、文化、习俗彻底划清界线。"内行刀锯，外用甲兵"、迷信暴力而轻视教化等思想，也有其明显的历史局限。

【国学故事】

孙立节论情从法

宋徽宗崇宁年间，宜州太守王奇在与袭扰边境的少数民族作战中，战败身死。任桂州节度判官的孙立节奉朝廷的旨令去查办在作战中有罪的官兵。当时，正值谢麟经略节制管辖溪没地区的政务，抓捕了大小使臣十二人，交给孙立节，要把他们全部斩首。孙立节认为不能这么做。因此，谢麟不满，对孙立节进行攻击。

孙立节说："办案应当根据事实，区别情节，符合情理，办案的官吏应当依从法律。这次战败是因为畏缩不前，不及时进军，罪责应当由负责指挥的将官承担，而这些将官已经被斩首伏法了，其余的人不应该负战败的责任，难道可以都杀掉吗？如果一定要违反法律杀人，经制大人可以自己去干，何必要我去参与呢？"

谢麟听后大怒，立即向朝廷上奏本，指控孙立节抗拒执行命令。孙立节也上奏谢麟越权干涉案件的审理。经过刑部审议，决定按孙立节的意见去办，这十二个使臣都免于处死。

在发生战败事件，朝廷命令查办"吏士有罪者"时，出现了两种截然不同的态度和做法。经略谢麟，司法专横，举刑擅断，不顾事实、法律，抓捕了大小使臣十二人，"欲尽杀之"，为了表现他执行圣旨坚决，不惜滥杀无辜；与此相反，孙立节是另一种态度和做法。首先，他提出了必须坚持的准则，即"狱当论情，吏当从法"。这就是说，必须以事实为根据，以法律为准绳。其次，他对战败的原因和责任作了实事求是的分析："逗挠不进，诸将罪也，既伏其辜，其余可尽戮乎？"坚持量刑适当，罚当其罪，反对滥杀无辜；最后，他做到了坚定不移地坚持原则。对上级官员的错误做法，他敢于提出反对意见。在谢麟恶语伤人、对他进行攻击的情况下，他毫不屈服，进一步亮明自己的观点，坚持正确意见，并且提出："若必欲非法斩人，则经制可自为之，我何预焉？"坚决抵制非法杀人的错误做法。在"谢麟奏立节抗拒"时，他也针锋相对地上奏"谢侵狱事"，申述自己的理由。终于挽救了无辜使臣的生命。

 【现实启悟】

高悬重大决策终身追责的"尖刀"

"有权不可任性"，这个论断是李克强总理在第十二届全国人大第三次会议上所作政府工作报告中提出的。如何让权力不再任性胡为？建立责任倒查机制及重大决策终身责任追究制度，是高悬于领导干部头上的一把"尖刀"。

近年来，一些部门和地方频频出现因违反法定程序造成重大决策失误的事件，他们"谈起法治时滔滔不绝，作出决策时权力滔滔"，使党和国家事业受到了严重的创伤。现在出现了"拍拍脑袋决策，拍拍胸脯保证，拍拍屁股走人"现象。用"拍脑袋"形象地比喻领导干部做决策不切实际、不深入调研，搞"一家言""一言堂""拍胸脯"比喻领导干部张口说大话、乱保证，事后却翻脸不认账，最后"坑群众"；"拍屁股"则比喻领导干部一旦离任，就"远走高飞"，留下个"烂摊子"，让"接手者"无从着手、叫苦连天。事实上，"拍脑袋""拍胸脯""拍屁股"都形象地说明部分领导干部不尽职、不负责的态度，对重大决策的合法性置之不理，无疑会留下了无穷"后患"。

此外，目前对领导干部离职的监督主要是离职审计。一旦审计通过，几乎就算"安全着地""平安着陆"。可保今后的安稳生活。在这种"限期"追责大背景下，不仅让部分贪腐分子或盲目决策者，因离职逃避追责，而且容易引发"期权腐败"的问题。

正因如此，党的十八届四中全会明确强调要健全依法决策机制，并提出建立责任倒查机制及重大决策终身责任追究制度的任务。实行终身追责以来，已有现实案例。如江苏省委原常委、秘书长赵少麟退居二线八年后，本以为"平安着陆"却仍被重启调查并"落马"。

重大决策终身责任追究制度与以往关于追责的规定相比，最大的亮点在于"终身追责"。这一制度具有明显的现实功效。首先，通过时刻高悬于头顶的这把"尖刀"，可以让领导干部有危机感，耳畔警钟长鸣，使他们在工作中做到依法依规、步步谨慎、严守权力边界、以免晚节不保。其次，能揭开领导干部的"老底"，有助于洞查出他们做重大决策时是否有不可告人的"秘密"，甚至可以一击即中地打到"老虎""苍蝇"的"七寸"上。

"弹劾重罪不拘常规"，重大决策责任追究和反腐败也是没有"期限"的。但凡存在腐败问题或查实决策失误，不管离职时间长短，不管身处何处，都要一追到底，决不姑息。

第七篇 执法为民

以儒家文化为代表的中国传统文化是以人本主义为哲学基础和基本特征的，集中体现在倡导"仁"的观念，"天生万物，唯人为贵"，其法治实践的落脚点在于重视人、尊重人、爱护人、以人为贵、以人为本。简单而言，就是朴素的民本主义法治观。在其影响下，古代社会历朝历代的法治从顶层设计到现实实践，基本上都尊崇着仁者治国和宽仁执法的原则，以此来体现以民为本的价值取向。执法为民的思想最初见于周公的"敬天保民"理念，其爱民、教民、养民的执政追求影响深远，甚至于在战国"百家争鸣"时期，孟子仍以此作为其"仁政"学说的核心内容，并成功地影响了后来的封建社会中处理皇权与百姓之间关系的模式。

受儒家先贤所设立的传统道德理念的影响，古代社会治理的主旋律呈现出"德治"的色彩，整个社会的和谐统一成为各个朝代明君的终极追求。落实到司法实践中，同样以儒家文化为纲的地方官员们大多秉持着以仁治国，以德化人的执法理念。当民本理念与地方官员的司法实践相结合的时候，便产生了诸如：慎罚原则、中正原则、恤刑和赦宥等一系列法治原则直接影响着古代社会治理模式和司法程序的价值追求。慎罚原则要求在司法领域中要以忠恕之道"哀矜折狱"，反对"乱罚无罪，乱杀无辜"。其次，中正原则则体现了古人普遍意识到法自身的特性，地方官员大多开始以司法公正的标准来约束自己，以求在审判断案、定罪量刑时做到不偏不倚。恤刑和赦宥原则则是上天有好生之德的直接体现，在司法实践中开始对老幼、蠢愚及不识、过失和过失犯罪等作出宽免处罚，同时还开始积极对犯人进行赦宥，以此来体现仁政爱民。

中国传统文化中执法为民的民本思想与西方的民主思想大有不同，其实质所反映出的人道主义成分更加浓厚，毋庸置疑，这种执法的理念是中国传统文化中璀璨的精华。

一、法以便民为本

（一）

【原典】

圣人为民法，必使之明白易知，愚智遍①在之②。

—— （战国）商鞅《商君书·定分》

【注释】 ①遍：全部。

②在之：明确。

【译文】 圣人制定法令一定使它明白易懂，愚人智者都能懂得。

（二）

【原典】

法不察民情而立之，则不威。

—— （战国）商鞅《商君书·壹言》

【译文】 设定法律而没有体现民意的话，将失去法律的威严。

（三）

【原典】

治国有常，而利民为本；政教有经①，而令行为上。苟②利于民，不必法古，苟周于事，不必循旧。

——（西汉）刘安《淮南子·氾论》

【注释】①经：常法。

②苟：如果

【译文】治国有常规，必须以利民为本；政教有常法，必须以有效为先。如果对民众有利，就不一定要效法古制，如果是适合实际情况的话，就不一定要遵循旧法。

（四）

【原典】

知为吏者奉法利民，不知为吏者枉法以害民。

——（西汉）刘向《说苑·政理》

【译文】合格的官吏依法办事，对民有利；不合格的官吏则破坏法律，对民有害。

（五）

【原典】

李悝作法①，萧何造律②，颁于天下，悬示兆民，秦、汉以来，莫之能革，以今观之，不可一日无律也。

——（唐）孔颖达《春秋左传正义·昭五年，尽六年》

【注释】①法：《法经》。

②律：《九章律》。

【译文】李悝制定《法经》，萧何撰写《九章律》，颁布天下，悬挂起来让百姓知晓，自秦汉以来没有能够改变的，以今天来看，一个国家不可一日没有法律。

（六）

【原典】

以至详①之法晓②天下，使天下明知其所避③。

———（北宋）苏轼《御试重巽申命论》

【注释】 ①至详：极其详细。

②晓：昭告。

③避：避而不犯。

【译文】 把极为详细的法令昭告天下百姓，让他们清楚地知道哪些事是不能去干的。

（七）

【原典】

法者，所以辨上下，定民志。

———（明）宋濂《元史·仁宗本纪》

【译文】 法律就是用来区别上下的关系，确定百姓的价值取向的。

【国学常识】

无讼理念的由来

我们能从《周易》中找到最早有关"讼"的影子。《讼卦》中的爻辞认为，讼是凶险之源，一旦诉讼出现，不管输赢，都是不利的。所以，诉讼从一开始出现就被蒙上了否定的色彩。而"无讼"则出自《论语·颜渊》，其原意是通过听讼达至无讼之境。当然，无讼有其适用范畴。"讼"应当仅指民事纠纷和轻微刑事案件，而不包括严重威胁统治秩序的重大刑事案件。

孔子是中国古代无讼理论的倡导者和奠基人，他将"无讼"视为审判活动应追求的价值目标。儒家所努力追求和讴歌的是安定、平静和有序的家国一体的和谐社会，国政的原型是家务，国法是家规的放大，国家内乱和国民争讼是家内不睦的延伸。因此，一国即如一家，以安定和睦为上。处理国民争讼亦如排解家庭纠纷，调解为主，辅之以刑，以求和谐。于是，"无讼"成为我国古代法律文化所孜孜追求的理想社会目标。传统社会中，很长一段时间内，地方官员的政绩优劣就以其所辖区域案件纠纷的多少来进行判断和考核，由此也使得地方官员不得不用道德教化作为止讼息诉的工具。

最终，古代社会慢慢凝结成了官员厌讼、士人贱讼、百姓畏讼这一延续了上千年的社会现象。立足于当代社会，我们在审视无讼追求时，则应将注意力放置于无讼追求背后的历史原因和文化积淀。接下来，我们就进入古代法治的诉讼世界，体会一下无讼追求背后的意义。

 【国学故事】

民惟邦本，本固邦宁

"民惟邦本，本固邦宁"，出自《尚书》中的《五子之歌》。意思是说，百姓是国家的根本，只有根本稳固，国家才能安宁。中国历代帝王对"民惟邦本，本固邦宁"的道理无不了然于胸。

以唐为例，贞观二年（628年），唐太宗对大臣们说："凡事皆需务本，国以人为本，人以衣食为本，凡营衣食以不失其时为本。"这环环紧扣的"三为本"的思想，意味着"民惟邦本"的思想已经成为当时执政的主导思想。正因如此，李世民在百废待兴、民生凋敝的基础上才创造了初唐"贞观之治"的盛况，打开了政治、经济文化全面繁荣的盛世局面。

连环画《唐太宗与魏徵》　中国戏剧出版社

　　"民惟邦本"要求畏民，唐初魏徵和唐太宗最为坚持这样的观点。《贞观政要·论政体》记载到："臣又闻古语云：'君，舟也；人，水也。水能载舟，亦能覆舟。'陛下以为可畏，诚如圣旨。"

　　"民惟邦本"要求静民。当时的静民主要是使农民能够安静地进行农业生产，不被或者尽量少被朝廷打扰。通过推行均田、奖励垦荒、轻徭薄赋、劝课农桑、改革赋税、增殖人口、不违农时、兴修水利等措施使农民得到休养生息，农业生产得到较快恢复发展，极大地提高了当时的农业生产水平。

　　正是坚持"民惟邦本"的思想，唐太宗才在短期内实现了国力的迅速发展，百姓生活得以极大的改善，从而实现了历史上著名的"贞观之治"。

把权力关进制度的笼子里

权力是把双刃剑。任何绝对的权力，都会导致绝对的腐败。而民主，是运用、规束权力的最好方式。所以，习近平同志指出："在中国社会主义制度下，有事好商量，众人的事情由众人商量，找到全社会意愿和要求的最大公约数，是人民民主的真谛。"坚持人民民主，才能在中国特色社会主义制度下，约束社会主义公共权力。

同时，信息透明公开是建设法治政府的前提保障。习近平同志说："要坚持用制度管权管事管人，抓紧形成不想腐、不能腐、不敢腐的有效机制，让人民监督权力，让权力在阳光下运行，把权力关进制度的笼子里。"这是对管权力、用权力最直接的表述。只有我们党的领导干部的权力规范透明运作了，群众才能真正地监督公权力的运用。各级政府、党员干部要转换思路，敢于面对人民，敞开胸怀，接受监督，主动公开相关政府信息，在阳光下运行政府权力，这样，才能真正赢得百姓的支持与信任。

二、法治以惩恶护民为要

（一）

【原典】

法制不议，则民不相私^①；刑杀毋赦，则民不偷于为善；爵禄毋假^②，则下不乱其上。

—— （春秋）管仲《管子·法禁》

【注释】　①私：营私。

②假：假托。

【译文】　法律制度不容置疑，百姓就不敢相互营私；刑罚不容宽宥，百姓就不敢敷衍为善；君王亲自授予爵位和俸禄，臣下才不会犯上作乱。

（二）

【原典】

古之圣王发宪出令，设以为赏罚，以劝贤沮^①暴。

—— （战国）墨翟《墨子·非命上》

【注释】　①沮：同"阻"，阻止、防止。

【译文】　古代的圣明君主发布宪章，制定法令，设立制度作为赏罚的依据，其目的是用来劝告人们追求贤能，防止暴行。

（三）

【原典】

　　而圣人者，审于是非之实，察于治乱之情也。故其治国也，正明法，陈严刑，将以救群生之乱，去天下之祸，使强不陵①弱，众不暴寡，耆老得遂，幼孤得长，边境不侵，群臣相关，父子相保，而无死亡系虏之患，此亦功之至厚者也。

——（战国）韩非《韩非子·奸劫弑臣》

【注释】①陵：同"凌"，欺凌。

【译文】作为圣人，能够了解是非的实情，明察治乱的真相。所以他治理国家时，明正法令，设置严刑，用来解救百姓的祸乱，消除天下的灾难，使强不欺弱，众不侵寡，老年人们得享天年，幼子孤儿得以成长，边境不受侵犯，君臣亲密相处，父子互相护养，没有死亡和被俘的忧患，这也是最重大的功绩啊！

（四）

【原典】

　　禁奸①止过，莫若重刑……重刑轻其罪，则民不敢试②，民不敢试，故无刑也。

——（战国）商鞅《商君书·赏刑》

【注释】①奸：泛指罪行。
　　　　②试：尝试。

【译文】禁止罪行，没有比动用重刑更好的了……对于轻微的罪行施加重刑，百姓就不敢尝试犯罪，百姓不敢尝试犯罪，刑罚也将不复存在了。

（五）

【原典】

法者，治之正也，所以禁暴而率善人也。今犯法已论，而使毋罪之父母妻子同产①坐之，及为收帑②，朕甚不取。其议之。

—— （西汉）司马迁《史记·孝文本纪》

【注释】 ①同产：兄弟。

②帑（tǎng）：奴婢。

【译文】 法令是治理国家的准绳，是用来制止暴行，引导人们向善的工具。如今犯罪的人已经治罪，却还要使他们无罪的父母、妻子、儿女和兄弟因为他们而被定罪，甚至被收为奴婢。我认为这种做法很不可取，希望你们再议论议论吧。

（六）

【原典】

民不豫①知，临时制宜，轻重难测，民是以能尊其贵，畏其威刑也。

——（唐）孔颖达《春秋左传正义·昭公二十九年，尽三十二年》

【注释】 ①豫：通预，预先。

【译文】 百姓事先不知道法令，执法者临时根据情况制定相宜的规定，很难知道刑罚轻重，所以百姓能够尊重法令的权威，并畏惧刑罚的威严。

（七）

【原典】

小人之恶不惩，君子之善不劝，而望治安刑措①，非所闻也。

——（唐）吴兢《贞观政要·刑法》

【注释】①措：搁置，不用。

【译文】法律不惩治小人的恶性，不奖励君子的善行，而希望社会治理安定，刑罚可以搁置不用，这种事情是闻所未闻的。

（八）

【原典】

刑者，天子之法也。刑以征不义、伐不从，王者之法也。

——（北宋）李昉等《太平御览·人事部》

【译文】 刑法是天子的法律，通过刑罚来征讨不义的一方、讨伐不服从的一方，这是王者霸者的规则。

【国学常识】

击鼓鸣冤

我们在电视剧中经常可以看到受了巨大冤屈的百姓，在朝廷衙门外击鼓鸣冤的场面，这种击打的大鼓就是登闻鼓。它悬挂在朝堂外，专用于百姓在正常途径得不到申冤时的救济之途。相传尧舜之时，就有"敢谏之鼓"了，凡欲直言谏诤或申诉冤枉者均可击鼓上言。

《周礼》有"肺石听辞""路鼓之制"的说法，后来"路鼓"逐渐演变为"挝登闻鼓""鸣冤鼓""上表投书""邀车驾"等，均是各朝允许平民上诉的特殊渠道。明洪武元年，"置登闻鼓于午门外，日令监察御史一人监之，凡民间词讼皆自下而上，或府、州、县省官及按察使不为伸理，及有冤抑重事不能自达者，许击登闻鼓，监察御史随即引奏，敢沮告者死"。到了清朝，登闻鼓设于右长安门

鸣冤鼓

外，后移入通政司，别置鼓厅，但规定"必关军国大务、大贪大恶、奇冤异惨"方可击鼓，否则要处以重刑。

 【国学故事】

薛存诚宁死不奉诏

唐朝进至后期时，朝政腐败严重，群臣勾结明显，不法之事时有发生。但在此环境中，仍有一人刚正不阿，执法如山，尽于职责，他就是御史中丞薛存诚。薛存诚任该职时审理某案，其中牵涉到宦官梁守谦，这位太监是宪宗的爱宠，深得宪宗信任，但薛存诚仍然坚持将受贿的梁正言处死。同时还惩处了不法僧人鉴虚。鉴虚是权力关系更为复杂的人物。他在贞元年间，不断交结当时的朝中权贵、宦官，不仅收受贿赂、行贿他人，还横行不法，目无法纪，轻易谁都不敢过问。在薛存诚抓捕鉴虚后，朝中权贵、地方要臣均向唐宪宗保救鉴虚。唐宪宗碍于众人情面，便下诏赦免鉴虚。但薛存诚拒不执行，并把特赦诏书奉还。第二天，唐宪宗又下诏要亲自提审鉴虚，薛存诚回奏唐宪宗说："鉴虚罪款已具，陛下若召而赦之，请先杀臣，然后可取。"唐宪宗无可奈何，但又为薛存诚的胆识所动，于是改变想法，嘉奖薛存诚，让其放手办理鉴虚一案，最终，鉴虚被鞭笞处死。

【现实启悟】

司法要以打开百姓的"心结"为目标

回顾古代社会的司法情节不难看出，在儒家的民本主义思想的主旋律影响下，我国传统社会中各个朝代的司法程序与执行都或多或少地体现了这样的人文关怀倾向。这对于我们当代的执法者来说，有哪些是能够唤起我们共鸣共勉的呢？

习近平同志在中央政治局第四次集体学习时讲道："要坚持司法为民，改进司法工作作风，通过热情服务，切实解决好老百姓打官司难问题，特别是要加大对困难群众维护合法权益的法律援助。"加快解决有些地方没有律师和欠发达地区律师资源不足问题。如果群众有了司法需求，需要打官司，一没有钱去打，二没有律师可以求助，公正司法从何而来呢？司法工作者要密切联系群众，如果不懂群众语言、不了解群众疾苦、不熟知群众诉求，就难以掌握正确的工作方法，难以发挥应有的作用，正所谓张飞卖豆腐——人强货不硬。法律不应该是冷冰冰的，司法工作也是做群众工作。一纸判决，或许能够给当事人正义，却不一定能解开当事人的"心结"，"心结"没有解开，案件也就没有真正了结。显然，随着人类社会的进步，我们的司法实践不能仅仅局限于简单的惩恶扬善这一层面了，除了法律本身的正义追求外，我们的司法工作还应当更进一步，应当开始关注司法背后的人文主义关怀，涉及司法的群众，或多或少其内心都是疲惫的，或者说都经历过不愉快的回忆，当我们的执法者还其清白，归其权利之余，我们的司法工作还有大文章，还有大任务。习近平同志所说的打开"心结"，无疑对我们的执法者在今后的司法工作中提出了更高的要求，对我们执法者的综合素养又提出了新的挑战。当然，心系着百姓，扎扎实实为百姓办好事，办实事，百姓的"心结"自然会有打开的一天。

三、以教化讼，使民不争

（一）

【原典】

礼之用，和为贵。先王之道斯为美。

——春秋《论语·学而》

【译文】礼的应用，以和谐为贵。古代君主的治国方法，宝贵的地方就在这里。

（二）

【原典】

讼①，有孚②，窒惕③，中吉，终凶。利见大人，不利涉大川。

——战国《周易·六讼》

【注释】①讼：卦名。

②孚：通"俘"，俘获。

③窒惕（tì）：遏止恐惧。

【译文】讼卦，有所俘获而遏止了恐惧，中间吉利而最终结果趋于凶险。利于拜见掌权者，不利于涉渡大河远行。

（三）

【原典】

凡万民之不服教而有狱讼者，与有地治者听而断之，其附于刑者，归于士。

——战国《周礼·地官·大司徒》

【译文】 凡万民不服从教化而有争讼的，就与地方官一同听取而加以评断，其中有触犯刑律的，就交给司法官审理。

（四）

【原典】

天时①不如地利②，地利不如人和③。

——（战国）孟轲《孟子·公孙丑下》

【注释】 ①天时：适宜的时机和气候。

②地利：有利的地理环境。

③人和：上下团结。

【译文】 有利的时机和气候不如有利的地势，有利的地势不如人心所向，上下团结。

（五）

【原典】

民有争讼者，必先闭合自责，然后断讼，以道譬训喻之，或亲到闾里①重相和解。自是争讼省息，吏人怀②而不欺。

——（南朝宋）范晔《后汉书·吴祐传》

【注释】①间（lú）里：乡里。古代二十五户家为间。

②怀：安抚。

【译文】百姓有争论的，一定要先停止争论并且要求他们自己反省，然后再处理诉讼，以道理来训导他们，或者让官员亲自到民间去调解，重在相互和解。从而使得百姓的诉讼减少，官员靠安抚而不欺负百姓。

（六）

【原典】

民知为善之乐，即谓之善政；善政既成，则不加刑戮而民自无犯也。

—— （唐）长孙无忌等《唐律疏议·名例》

【译文】百姓知道为善的快乐，这就是所谓的善政。如果已经实现了善政，即使不施加刑罚杀戮，百姓也不会相互侵犯。

（七）

【原典】

一人兴诉，则数农违时①；一案既成，则十家荡产。

—— （清）蒲松龄《聊斋志异·冤狱》

【注释】①违时：耽误耕作时间。

【译文】一个人提起诉讼，便有几个农民都要耽误其农作的时间；一个案子审理了，十个家庭的财产都要耗光。

【国学常识】

"五听"制度

《周易·序卦传》云："有天地，然后万物生焉。盈天地之间者，唯万物，故受之以屯；屯者盈也，屯者物之始也……需者饮食之道也。饮食必有讼，故受之以讼。"随着"讼"的产生，辩"讼"却成为一件难事。在当时的社会生产力条件下，人们的认知水平和能力相对落后，但案件一旦发生，又必须解决纠纷，还双方以公道，在极难取得其他物证的情况下，就只能依靠人证来查明案件，这其中，最重要的人证自然就是当事人的陈述，"五听"制度即旨在通过甄别当事人的陈述以准确查明案件事实的制度。这"五听"内容分

江西景德镇浮梁古县衙

别是辞听、色听、气听、耳听、目听，最早见于《周礼·秋官·小司寇》。辞听是"观其出言，不直则烦"；色听是"察其颜色，不直则赧"；气听是"观其气息，不直则喘"；耳听是"观其聆听，不直则惑"；目听是"观其眸子视，不直则眊然"。以后各朝代均以"五听"作为刑事审判的重要手段，《唐六典》规定："凡察狱之官，先备五听。"

听讼制度在中国古代刑事诉讼中占据着重要的地位。中国古代重实体、轻程序的传统，使得通过听讼探究案件事实真相，具有特殊重要的意义。但"五听"制度的缺陷也是显而易见的。最典型的弊端便是为"刑讯逼供"开了方便之门。由于"五听"制度强调司法官利用察言观色对证据作出判断，因此，只要审判者个人认为当事人（尤其是被告）所言不实，便可一直不予认可他们的陈述，随之而来便是"刑讯逼供""屈打成招"，冤假错案，屡出不穷。

【国学故事】

以和为贵

孟子曰："天时不如地利，地利不如人和。"一个简单的"和"字，将中华民族和谐、团结、融洽的儒家思想渗透到我们生活中的方方面面，并在商事往来之中，形成了"以和为贵"的宝贵商德。正如《商贾三十六善》中所言："暴以待人，祸患难免；礼义相待，交易日旺。"

在行商方面，"和气生财"更是首要之道。相传清雍正年间，一位老板在进出京城关口的黄金地段开了一间客栈。因地段优势，且装修高档，此店生意很快红火起来。但客栈老板脾气不好，待人颇恶。有一天，一位客人不小心打翻了一只平常的瓷碗，客栈老板怒不可遏，不断咒骂客人，还要客人赔偿十两银子，无奈，客人只好赔钱。后来，该客栈不断被人寻找麻烦，生意越来越惨淡，原来，这个打坏瓷碗的客人是一位朝廷重臣，正因为老板待人不善，所以才得罪了顾客，没有了顾客的客栈，当然是无法生存下去的。这样的故事，在如今竞争激烈的商场难以见到，但政府机关仍然有"脸难看""门难进""事难办"的不正之风，在党的十八大后，中央改"四风"，迎来机关作风改革的清风，但"脸好看""门好进"，"事"却还是"难办"。这要求我们进一步改变工作作风，提高工作效率，真正营造为民服务，百姓与党亲如家人的氛围。

 【现实启悟】

熟人社会中的诉讼成本问题

古代社会受儒家传统道德理念的影响，治理社会以德治为主要基调，以实现整个社会的和谐为终极目标。这一理念贯彻到审判与司法领域中，是希望秉持儒家治国理念的地方官在司法实践中以无诉为最高追求，在社会治理实践中以调解和教化为主要手段，提倡民众以道德自觉和互相包容为调息纷争的主要模式，并有意强化和扩大争讼的危害，并对妄讼及教讼等行为施以重处。

不得不提的是，相对于西方社会强调契约精神与私有财产不可侵犯的法治精神而言，诉讼对于其处理社会矛盾而言是必须的，就整个社会实践而言，西方社会不管是客观的社会制度设计还是社会个体主观的意志倾向，诉讼模式都是其化解社会冲突的不二选择。而在古代社会天人合一、道法自然等一系列道德理性的影响之下，诉讼一向被认为是有碍和谐和稳定的不利因素，属于典型的消极现象，在"低头不见抬头见"的熟人社会，诉讼倒成了最后的选择。在这种格局中，人们之间的关系以血缘为核心，以地缘、业缘等为半径辐射开来，核心中的互动关系较强，离核心越远，关系越弱。

因此，诉讼往往意味着这种长时间互动交往构筑起来的关系网将被打破，显然，这对处于关系网中的任何一个人而言，都不是好消息。这样的差序格局也意味着，中国社会的诉讼成本往往要明显高于西方社会。

四、轻罪可将功补过

（一）

【原典】

眚灾①过，赦；怙终②贼，刑。

—— （西汉）司马迁《史记·五帝本纪》

【注释】 ①眚（shěng）灾：因灾害而造成过失。

②怙（hù）终：仗恃作恶，终不悔改。

【译文】 如果一个人由于失误给别人造成伤害，是可以赦免的；如果他是一贯故意做坏事，则要给予严厉的制裁。

（二）

【原典】

大赦之后，奸邪不为衰止。今日大赦，明日犯法，相随入狱，此殆导①之未得其务也。

—— （东汉）班固《汉书·匡张孔马传》

【注释】 ①殆导：劝导。

【译文】 大赦之后，奸邪没有减少。今天大赦，明天又犯法，紧跟着又入狱，这大概是在劝导百姓上不得要领吧。

（三）

【原典】

当令任不过分，役其所长，以功补过，要之将来。

——（唐）房玄龄等《晋书·王敦传》

【译文】可以让他出任能力范围以内的官职，发挥他擅长的能力，（让他）将功补过，总之，（看他）将来的表现。

（四）

【原典】

凡有事，先不许财①，事过之后而受财，事若枉断者，准枉法论；事不枉断者，准不枉法论。

——明《大明律·刑律》

【注释】①许财：许诺财物。

【译文】凡是有事情相求，先不说以财物报答，事情过后再接受财物，事情如果是枉法裁判的，按照枉法罪论处；事情没有枉法裁判的，可以不追究枉法罪。

（五）

【原典】

凡死罪囚已招服罪①，而囚使令亲戚故旧自杀，或令雇倩人②杀之者，亲故及下手之人，各依本杀罪，减二等。

——明《大明律·刑律》

【注释】①招服罪：招供，服罪。
②雇倩人：雇用他人。

【译文】 凡是犯有死罪的囚犯已经招供服罪，而囚犯让亲戚故旧自己来杀他，或命令雇用或者请人来杀害他的，他的亲戚故旧及下手之人，均依照这一杀人罪处理，减二等执行。

（六）

【原典】

若十一千百之挂漏，创法者固留有余以养天下①而平其情②。

——（明末清初）王夫之《宋论》

【注释】 ①养天下：休养生息。
②平其情：使人情平顺。

【译文】 就好像挂十漏一或者挂千漏百一样，制定法律的人本来就留有一定的法外空间让天下的百姓得以修养，从而平顺其人情的需要。

【国学常识】

十恶不赦是指哪十恶

"十恶"指的是十条对统治阶层和社会危害极其严重的罪行，"不赦"是指不予赦免。关于十恶的说法，最早出现在《齐律》中，当时称为重罪十条。重罪十条里把这十条罪行称为十恶，并且规定绝不赦免，到了隋唐就正式形成了十恶不赦的说法，所以说隋唐十恶不赦其实原来是出自《齐律》的重罪十条。它的主要内容有：

（1）谋反。反叛朝廷，这历来都被视为十恶之首。

（2）谋大逆。指毁坏皇家的宗庙、陵寝、宫殿的行为。

（3）谋叛。谋叛是指叛逃到其他敌对国家。

（4）恶逆。指打杀祖父母、父母以及姑、舅、叔等长辈和尊亲。

（5）不道。无道。

（6）大不敬。偷盗皇帝祭祀的器具和皇帝的日常用品，伪造御用药品以及误犯食禁。

（7）不孝。指咒骂、控告以及不赡养自己的祖父母、父母。祖、父辈死后亡匿不举哀，丧期嫁娶作乐。

（8）不睦。指家族中以卑犯尊。

（9）不义。指殴打、杀死长官（一般指州县长官），丈夫死后不举哀并作乐改嫁等。

（10）内乱。指与祖父、父亲的妾通奸。

十恶不赦自《齐律》出现这些条款后一直沿用到宋元明清。现在的法律体系里已没有这一说法，但该词已成为家喻户晓的成语。

 【国学故事】

李世民与魏徵的"缘"

魏徵（580—643），字玄成，钜鹿（河北邢台市巨鹿）人。父母早丧，家境贫寒，但喜爱读书，不理家业，曾出家当过道士。隋大业末年，魏徵被隋武阳郡（治所在今河北大名东北）丞元宝藏任为书记。元宝藏举郡归降李密后，他又被李密任为元帅府文学参军，专掌文书卷宗。唐高祖武德元年（618年），李密失败后，魏徵随其入关降唐，但久不见用。次年，魏徵自请安抚河北，诏准后，乘驿驰至黎阳（今河南浚县），劝崤李密的黎阳守将徐世勣归降唐朝。不久，窦建德攻占黎阳，魏徵被俘。窦建德失败后，魏徵又回到长安，被太子李建成引用为东宫僚属。魏徵看到太子与秦王李世民的冲突日益加深，多次劝建成要先发制人，及早动手。玄武门之变以后，李世民由于早就器重他的胆识才能，非但没有怪罪于他，而且还把他任为谏官之职，并经常引入内廷，询问政事得失。魏徵喜逢知己之主，竭诚辅佐，知无不言，言无不尽。加之性格耿直，往往据理力争，从不委曲求全。两人成为历史上进谏与纳谏的明君贤臣的代

河北周宁魏徵纪念馆

表。贞观十六年（642 年），魏徵染病卧床，唐太宗所遣探视的中使道路相望。魏徵一生节俭，家无正寝，唐太宗立即下令把为自己修建小殿的材料，全部为魏徵营构大屋。不久，魏徵病逝家中。太宗亲临吊唁，痛哭失声，并说："夫以铜为镜，可以正衣冠；以古为镜，可以知兴替；以人为镜，可以知得失。我常保此三镜，以防己过。今魏徵殂逝，遂亡一镜矣。"

【现实启悟】

功过不相抵方为法治

自古以来，中国人就有"戴罪立功""功过相抵""将功折罪"的封建传统思想。近年来一些贪腐官员落马后，面对定罪量刑时，都想有减罪的机会，便罗列出许多自认为的"丰功伟绩"，认为功罪可以相抵。正是这种错误观念，助长了某些有功之人的有恃无恐。因此，习近平同志在参加十二届全国人大一次会议江苏代表团审议时重提"功罪不能相抵",给广大的干部敲响了警钟,功是功、罪是罪,功罪不能相抵。要知道"千里之堤毁于蚁穴",一次错误便会造成终身的悔恨,同样"做一次好事不难,难的是做一辈子好事"。领导干部要常怀律己之心,心中警钟长鸣。习近平同志强调的"功罪不能相抵,领导干部要守住底线"这句话为广大领导干部又敲响了一记警钟,是党员干部头顶高悬的又一柄利剑,必须引起所有领导干部的重视和警觉,要时时告诫自己心存敬畏,切实摒除"功罪相抵"的错误观念,守住为官底线,当好人民的勤务员。

五、以法令禁约匡风俗

（一）

【原典】

教训成俗而刑罚省，数①也。

——（春秋）管仲《管子·权修》

【注释】①数：规律。

【译文】教育和训导蔚然成风，国家的刑罚就会减少，这是自然的道理。

（二）

【原典】

是故子墨子言曰：古者圣王为五刑，请以治其民。譬若丝缕之有纪，罔罟①之有纲，所连天下之百姓不尚同其上者也。

——（战国）墨翟《墨子·尚同上》

【注释】①罔罟（gǔ）：渔猎用的网。

【译文】所以墨子说：古代圣王制定了五种刑罚，是用来治理百姓的，就好像丝线有头，渔猎的网有纲，是用来管束那些不与上层保持一致的百姓一样。

（三）

【原典】

昔者圣王为法曰："丈夫年二十，毋敢不处家。女子年十五，毋敢不事人。"此圣王之法也。

——（战国）墨翟《墨子·尚同上》

【译文】 从前圣王制定的法律说："男子到了二十岁，就不能不成家。女子到了十五岁，就不能不出嫁。"这是圣明君主所制定的法律呀。

（四）

【原典】

王者得治民之至要，故不待赏赐而民亲上，不待爵禄而民从事，不待刑罚而民致死。

——（战国）商鞅《商君书·农战》

【译文】 称王天下的君主掌握了统治民众的办法，所以不等君主实行赏罚民众便亲附于君主了，不等君主封爵加禄而民众就从事农耕和作战了，不等君主使用刑罚而民众就拼死效命了。

（五）

【原典】

法者天下之平，与公共之。公自不谨①，与凶人往还，陷入于法，今将奈何？

——（北宋）司马光《资治通鉴·唐纪十四》

【注释】 ①谨：慎重，洁身自好。

【译文】 法律是天下公平之器，我们与您共同遵守它。您自己不慎重，与歹徒凶手来往，被牵连到刑罚当中，如今该怎么办？

（六）

【原典】

法令必行则民俗利，民俗利则利天下。是法令必行，大利人也。

——（北宋）李昉等《太平御览·刑法部四》

【译文】 法令坚决被执行那么百姓的习俗就会改善，民俗改善就天下获利。所以法律坚决地被执行，对百姓有大益处。

（七）

【原典】

愚谓政者为治之具①，刑者辅治之法。德、礼则所以出治之本，而德又礼之本也。此其相为终始，虽不可偏废，然政、刑能使民远罪而已，德、礼之效，则有以使民日迁善②而不自知。故治民者不可徒恃其末，又当深探其本也。

——（南宋）朱熹《四书集注·论语·为政》

【注释】 ①治之具：治理的工具。

②迁善：变得善良。

【译文】 我所说的为政，是治理的工具；刑罚，是辅助治理的方法。德行礼义是实现社会安定的根本，而德行又是礼义的根本。它们相互为始终，虽然不能偏废一方，但是政务刑罚能够使得百姓远离犯罪。德行礼义的功用在于使百姓在不自觉中一天天变得更善良，所以治理百姓的当权者不能仅仅依靠末节的刑罚，而要探寻作为根本的德行礼义。

【国学常识】

古代的举报箱制度

当下反腐部门都会设置举报箱。这一制度是一项广开言路，方便和鼓励群众打击各种不利于国家发展和长治久安的贪污、腐败、受贿、渎职、营私等职务犯罪的有效措施，对收集线索发挥了重要价值。据史籍记载，远在尧舜之时，举报箱就有了雏形。当时的人们在交通要道上埋设木柱，作为辨认道路的标志，并利用木柱刻写意见，向执政者进言或表达诉求，"政有缺失，民得书于木"。因此，这种路标又称作"诽谤木"。后来战国时期的魏国，宰相李悝专门设计一种叫"蔽竹"的举报箱，方便百姓举报贪官污吏和不法之徒。这种"蔽竹"可能是一节竹子，也可能是竹筒状的陶器，上端有个小口，举报信（当时的书写工具还是竹简）从这个小口投进去。而且为了保护举报人，避免其遭到打击报复，这种举报箱一般都是放在比较偏僻的巷子里。

若论古代举报箱结构最复杂、最精致，材质也最贵重的，当属武则天的杰作。武则天制造的这种举报箱被称为"铜匦（guǐ）"，就是一个方形的铜匣。只有武则天可以拆看，其他人无法打开。铜匣四面都有门，门的颜色不一样，名字和功能也不一样，第一个门叫"延恩"，是青色的，用于自荐和促进农业或人民福利的计划；第二个门叫"招谏"，是红色的，用于对政府的批评；第三个门叫"申冤"，是白色的，用于对不公平的诉苦；第四个门叫"通玄"，是黑色的，用于报告预兆、预言和密谋。

杀父之仇与杀人偿命

虽然中国传统法律极好地融合了法律与道德的关系，但在个别案例中仍然存在法律规定与道德要求的冲突。唐宪宗元和六年（811年），关中富平人梁悦，因父亲被人杀害，便将仇人杀死以报父仇，并且自己主动到官府自首认罪。地方官面对该案无法抉择：到底该不该判处梁悦死刑成为了难题。在拿不定主意时，以疑难案件为由，逐步上报朝廷。最后报至唐宪宗处。然而宪宗也是思考良久，无法定夺，最后只好批给尚书省商议。此案为何如此难以定夺？皆因此案犯的杀人动机乃是为父报仇。

中国传统孝道文化宣示：杀父之仇，不共戴天。梁悦替父报仇，是为孝子之本意。如果杀了这个孝心男子，非但寒了天下孝子之心，亦是与以孝治天下的思想不符；但是如果不杀梁悦，国家律法又有明文规定摆在这里。如何取舍？商讨良久，仍是没有定论。最后，时任司级大臣韩愈提出了自己的意见，获得了大部分人的赞成。韩愈认为：现行的律法条文，并没有规定这种情况，但这并不是法律本身的疏漏，而是特意为执法者留下的自由裁量空间。因为如果规定不能为父报仇，那么孝子之心就无法保全，如果允许为父报仇而杀人，那么就会有很多人借机制造各种机会去杀人。鉴于此，应该制定一条新的规定：凡是此类案件，必须由地方据实上报，拿出初步意见后上奏皇帝，由皇帝斟酌权衡后作出最后判决。唐宪宗知道这一意见后，也觉得很有道理，便下诏将梁悦杖责一百，流放循州。这一做法，既全了梁悦孝子之名，也维护了法律的权威。

河南焦作孟州韩愈像

【现实启悟】

辩证继承、创新发展中国传统文化

习近平同志在中共中央政治局第十三次集体学习时的讲话中，谈到对待中国传统文化的态度时说："要处理好继承和创造性发展的关系，重点做好创造性转化和创新性发展。"如何才能实现对中国传统文化的创造性转化呢？习近平同志在中共中央政治局第十二次集体学习时强调："使中华民族最基本的文化基因与当代文化相适应、与现代社会相协调，以人们喜闻乐见、具有广泛参与性的方式推广开来。"因此，要实现对中国传统文化的创造性转化，首先，要使中国传统文化与当代文化相适应，使中国传统文化和传统美德为社会主义先进文化建设服务，为提升当代中国文化软实力、建设社会主义文化强国，实现中华民族伟大复兴的中国梦服务；其次，要使中国传统文化与现代社会相协调，真正挖掘出中国传统文化中的"精华"，并赋予其新的时代内涵，使之真正成为推进改革开放和社会主义现代化建设的精神动力；最后要用符合时代需要和大众口味的形式对传统文化作出新的"阐释"，使之以人们喜闻乐见、具有广泛参与性的方式推广开来。

习近平同志在山东考察时这样提醒我们："对历史文化特别是先人传承下来的道德规范，要坚持古为今用、推陈出新，有鉴别地加以对待，有扬弃地予以继承。"同时，习近平同志在全国宣传思想工作会议上强调："对我国传统文化，对国外的东西，要坚持古为今用、洋为中用，去粗取精、去伪存真，经过科学的扬弃后使之为我所用。"这就是我们科学对待中国传统文化的态度和方式。

第八篇

行法用人

执法者对整套法治体系而言，其重要性是不言而喻的。中国古代社会以法治官的传统历史悠久，甚至还强调要从严治吏，从制度的执行层面保障民本精神得以体现。执法者的良莠，不仅关系着统治阶层的意志是否得以体现，更关系到国家的治乱兴衰。所以，中国古代对于执法者的责任制度的确立与完善成为治官之法的核心内容。

　　执法者制度在中国古代的司法官责任制度出现，始于西周秦汉时期，定型于唐宋，完备于明清，历史悠久，沿革清晰。纵观各朝的司法官责任制度的规定，可以说是内容丰富、分类齐全，涉及司法管辖、词讼受理、听讼回避、缉捕人犯、现场查勘、违法刑讯、禁勘平人、状外求罪、援法断罪、出入人罪、按漱不实、决罚失法、纵囚失囚、审断程限、逐级审漱、研读律例等项失职责任及追究制度。如前所述，中国古代的法治体系受到了中国传统文化的强烈影响，天道观念、儒家传统道德文化、官箴文化，以及宗教文化等也都显著地影响了古代官吏的司法实践活动的进行，这些共同构成了古代司法官责任制度文化的根基。

　　众所周知，中国古代行政与司法是不分的，皇帝作为最高行政长官同时也是最高司法官；其治下官吏同样既是地方行政长官，又是地方司法长官；就其职能而言，大体有纠举、告劾、侦查、审判等。古代社会不仅用自省、慎独等道德规范来劝诫执法者们要自觉依法办事，倡导官吏养成廉洁执法、秉公断案和恪尽职守等良好的司法品格，同时在立法层面也浓墨重彩，不断完善和明确执法者们的法定责任，以求将司法责任制落到实处。

一、执法者须身先示范

（一）

【原典】

赵绰字士倬，河东人也。性质直刚毅。刑部侍郎辛亶尝衣绯裤①，俗云利于官，上以为厌蛊，将斩之，绰曰："据法不当死，臣不敢奉诏。"上怒甚，谓绰曰："卿惜辛亶而不自惜也？"命左仆射高颎将绰斩之。绰曰："陛下宁可杀臣，不可杀辛亶。"至朝堂，解衣当斩。上使人谓绰曰："竟如何？"对曰："执法一心，不敢惜死。"上拂衣而入，良久乃释之。明日，谢绰，劳勉之，赐物三百段。

———（唐）魏徵《隋书·赵绰传》

【注释】 ①裤（kūn）：裤子。

【译文】 赵绰，字士倬（zhuó），河东（今山西永济）人。性格朴实直率刚毅。刑部侍郎辛亶曾经穿着红色的裤子，俗语说这样可以有利于升官，皇上认为这是巫术，将要杀他。赵绰说："依据法律，辛亶不应该定为死罪，我不敢执行诏令。"皇上大怒，对赵绰说："你是只顾怜惜辛亶而不怜惜自己吗？"下令让左仆射高颎（jiǒng）将赵绰处斩。赵绰说："陛下宁可杀了我，也不能杀辛亶。"把赵绰押到朝堂上，脱了他的官服将处以斩刑。皇上派人问赵绰说：

"你究竟打算如何？"赵绰回答说："我一心一意执法，不敢顾惜自己的生命。"皇上气得拂袖而去，过了好久才下令释放了赵绰。第二天，皇上向赵绰道歉，慰劳并鼓励了他，赏赐给他绸缎三百段。

（二）

【原典】

操曰："制法而自犯之，何以帅下！然孤为军帅，不可杀，请自刑。"

——（北宋）李昉等《太平御览·皇王部十八》

【译文】曹操说："制定了法律自己却触犯它，怎么率领部下！但是我是军队统帅，不能够死，我请求自己实施刑罚。"

（三）

【原典】

今之为官者，皆曰吏之贪，不可不惩；吏之顽，不可不治。夫吏之贪顽，固可惩治矣，然必先反诸己①以率②吏。

——南宋《州县提纲·责吏须自反》

【注释】①反诸己：反过来要求自己。
②率：作为……的榜样。

【译文】现在做官的，都说小吏贪婪，不能不惩治；小吏顽劣，不能不惩治。小吏的贪婪和顽劣，固然应当惩治，但是官员也应该先自我端正以领导小吏，做他们的榜样。

（四）

【原典】

治之敝^①，任法而不任人。夫法者，岂天子一人能持之以遍察臣工乎？

——（明末清初）王夫之《读通鉴论·光武》

【注释】①敝：同"弊"，弊端。

【译文】治理的弊端在于只是注重实施法律而不注重任用执法者。法律，岂是天子一个人能够完全掌握，并且明察所有大臣的呢？

（五）

【原典】

徐大理^①有功，每见武后将杀人，必据法廷争。尝与后反复，辞色逾厉，后大怒，令拽出斩之，犹回顾曰："臣身虽死，法终不可改。"至市^②，临刑得免。

——（北宋）王谠《唐语林·方正》

【注释】①大理：唐代主管刑狱的司法部门。
②市：行刑的场所。

【译文】唐代大理寺卿徐有功，每次见到武则天要杀人，一定要依据法律当庭争论。他曾和武则天反复争论，言辞非常严厉，武则天大怒，下令把他拖出去杀了。他还一边回头说："我虽然死了，但是法律还是不能更改。"到了行刑的场所，他即将被行刑的时候被赦免。

（六）

【原典】

昔周武有弟名旦，作周礼以肇①八百之畿，高宗梦帝赉弼②，致殷商有中叶之盛，惟在乎设法用人之得其当耳。盖用人不当，适足以坏法，设法不当，适足以害人，可不慎哉！然于斯二者，并行不悖，必于立法之中，得乎权济。试推其要，约有三焉：一以风风之，一以法法之，一以刑刑之。三者之外，又在奉行者亲身以倡之，真心以践之，则上风下草，上行下效矣。否则法立弊生，人将效尤，不致作乱而不已，岂法不善欤？实奉行者毁之尔。

——（清）洪仁玕《资政新篇》

【注释】①肇：纠正，匡正。

②赉（lài）弼：赠送辅助治国的策略。

【译文】以前周武王有个弟弟名叫旦，制定了周礼以规范八百里王畿（jī）统治地区，高宗梦见玉帝赠送了治国的策略，导致殷商有中期的强盛，就是在于制定法律和用人得当呀。如果用人不当，可能会败坏法律；制定的法律不当，可能会害人，所以必须慎重呀！但是，就两者而言，相互并行并不矛盾，必须在制定法律中，合乎权力济民的功用。其中最为重要的，大概有三点：一是以风俗影响他们，二是以法律约束他们，三是以刑罚处罚他们。这三点之外，又特别要求执法者亲自倡行，真心实践。上面有风吹下面就有草动，上层有行动下级就效仿。否则法律制定的弊端就产生了，人们将效仿，一定会导致作乱，这难道是法律不好吗？实在是因为执法者自己毁掉了法律啊。

察举制的昙花一现

察举制是中国古代选拔官吏的一种制度，它的确立时间是汉武帝元光元年（前134年）。察举制不同于以前先秦时期的世官制和在隋唐时建立的科举制，它的主要特征是由地方长官在辖区内随时考察、选取人才并推荐给上级或中央，经过试用考核再任命官职。

在汉代察举常科中，"孝廉"是最重要的一科，孝、廉有"孝子廉吏"的意思。"孝"是指孝敬父母；"廉"是指清廉勤政。这是古时对官吏的普遍要求。汉代"孝廉"，大部分是通儒学的高官及富豪子弟。举孝廉之后，前程远大，升迁较快。"孝廉"出身的官吏，更被认为是"正途""清流"，很被看重。

实行了三百多年的两汉选官制度——察举制，对后世产生了重要的影响。

从实际情况观察，察举制度确实为汉朝选出了许多人才。究竟什么原因令察举制度能如此成功呢？总括而言，有以下几点：

（1）察举科目多，涵盖了国家所需的各种人才，选拔的范围也较广，为有才干的士人提供了较多晋身仕途的机会。

（2）相对而言，察举制度执行严格，对举主和被举者均有赏罚，特别是举主，不得不谨慎行事，因而减少了滥竽充数的情况发生。

（3）最重要的是选拔与考试相结合，为被举者提供了公平竞争的舞台，使真正优秀的人才有脱颖而出的机会。

但由于汉朝选才之权集中在皇帝以及中央和地方官员之手，人为因素对选才有着决定性的影响，也是这一制度的根本弊端。当时被举者占四分之三是现任官吏，造成平民儒士中之优秀人才被拒之门外。特别在东汉后期，任人唯亲、唯财、唯势，权门势家把持察举的结果，令流弊百出，察举制度的根本缺陷暴露无遗。最终在人才选拔制度的长河中，察举制也只是惊鸿一瞥，昙花一现。

汉代石砖拓片

 【国学故事】

不道是非，不扬人恶

朋友之间的相处之道一直是困扰人们的难题之一。颜回也因这个问题请教孔子。孔子回答说："君子对于朋友，即使认为对方有所不当，也仍只说自己不了解他是一位仁爱之人。对朋友旧日的恩情念念不忘，对过去的仇怨不记恨，这才是仁德之人的存心。"颜回深有体会，甚是认可。

有一次，武叔来拜访颜回，言谈之中不断地听到他指责别人的不当，并加以严词批评。颜回制止道，夫子曾教育我们说，指责别人的不是，并不能体现自己的优势，谈论他人的邪恶也不能显示出自己的正直。真正有仁德之心的人应该就事论事，首先检讨自己，而不是去批评他人。

颜回后来还跟子贡讨论说，按照老师的教导，自己不讲礼仪，却希望别人对自己以礼相待，自己不讲道德，又希望他人对自己讲道德，显然这是不符合常理的。因此，我们做事还应当尽可能地多检讨自己，少谈论他人的是非。

【现实启悟】

率先垂范转作风　以身作则正官风

从上可见，古代法治体系突出了对于执法者身体力行、以身作则的要求。的确，作为法治体系的核心组成部分，官员执法品德、执法作风、执法素养等都将直接影响到我们当代依法治国大方针的成败。在通讯相对不那么发达的古代社会，皇权对于官员自身涵养的要求尚且如此，在信息技术高速发展的今天，作为人民公仆的官员们，在执法过程中更应该率先垂范。

习近平自担任总书记以来一贯强调，作风建设一定要从上头抓起，各级领导机关、领导班子和领导干部都要把自己摆进去，带头转作风。"其身正，不令而行。"几年来，习近平总书记身体力行、率先垂范，带头执行八项规定，以身作则正官风，要求别人做到的自己首先做到。习近平同志任中共中央总书记后，就前往广东深圳考察调研，新政新风已扑面而来。从深圳、珠海、佛山到广州，沿途不封路、不清场，不铺红毯，车队与公交、出租、私家车并行，下车后与群众相伴而行，入住普通酒店普通套房，吃自助餐等，为八项规定作出表率。在零下三十多摄氏度的严寒下，习近平同志慰问在边防线上巡逻执勤的官兵，并视察哨所。中午，他来到食堂，跟大家一样拿起餐盘，打好饭菜，边吃边拉家常。习近平同志类似的以身作则、身先示范的事迹不胜枚举。

总之，领导带头就是鲜明的旗帜，上级垂范就是无声的命令。在习近平同志率先垂范、亲力亲为的行动中，广大人民群众看到了党中央管党治党的政治担当、以身作则的务实作风和共产党人最讲认真的精神；在习近平以身作则、勇于担当的感染下，广大党员干部也应该在党的事业中百尺竿头，更进一步，让人民满意正由殷殷期盼变为现实图景。

二、执法者须精通律文

（一）

【原典】

耳不知清浊之分者，不可令调音；心不知治乱之源者，不可令制法。

——（西汉）刘安《淮南子·汜论》

【译文】 耳朵不能分辨清浊音区别的人，不可以让他去调音律；内心不明白治理国家乱局根源的人，不可以让他制定法律。

（二）

【原典】

今在职之人，官无大小，悉不知法令……亦可令廉良之吏，皆取明律令者试①之如试经②，高者随才品叙用。如此，天下必少弄法之吏、失理之狱矣。

——（东晋）葛洪《抱朴子外篇卷·审举》

【注释】 ①试：考试。

②经：四书五经。

【译文】 如今在职位上的人，不论职位高低，都不了解法律救令……也可以命令廉政公良的小吏，从颁布的法律敕令中取题对他们进行考试，就有如考四书五经，分数高的按照才能品德排序使用。这样，天下一定就少了很多玩弄法律的小吏，不合理的案件。

（三）

【原典】

九章之律，自古所传，断定刑罪，其意微妙，百里长吏①，皆宜知律。刑法者，国家之所贵重，而私议之所轻贱；狱吏者，百姓之所悬命，而选用之所卑下，王政之弊未必不由此也，请置律博士②转相教授事。遂施行。

——（北朝齐）魏收《魏书·卫觊传》

【注释】　①百里长吏：基层小官吏。
　　　　　②律博士：一种法律职位。

【译文】《九章律》，自古代传承下来，判定罪名和刑罚，它的意旨非常微妙，百里长这样的小官，都应知道这些法律。刑法，是国家所重视的法律，却是百姓私下议论轻贱的东西。审理案件的官员，是百姓生死所系，如果选用的是非常卑下的人，君主政治的弊端都由此而生呀。所以请求设立律博士来教导传授法律事务。于是设立了律博士来施行。

（四）

【原典】

然刑统之内，多援引典故及有艰字，法胥①之徒，卒不能辨；又有新入仕员，素乖习熟，至临断案，事一决于胥，胥又无识，岂不有非圣慈者哉？

—— （唐）长孙无忌等《唐律疏议·名例》

【注释】 ①胥：古代的小官、小吏。

【译文】 但是刑法典里面，很多援引典故并且有难字，处理法律事务的小吏不能辨认。还有新担任公职的官员，都不太熟悉这些习俗。到了面临要判处案件时，审理的大小事情都由小吏来决定，小吏又没有多少见识，这样审理案件不是有违圣上的仁慈吗？

（五）

【原典】

吏人以法律为师，非法律则吏无所守。然律之名义，不学则不知也。不知则冥行①而索途，奚可哉！

—— （元）徐元瑞《吏学指南·自序》

【注释】 ①冥行：在黑暗中行走。

【译文】 处理诉讼的小吏以法律为老师，小吏所遵守的只有法律。但是法律的规范含义，不学习是无法通晓的。不通晓就犹如黑夜中行走而想找到道路，难道可能吗？

（六）

【原典】

求如曹参之继萧何，守画一之法以善初终者，百不得一也。

—— （明末清初）王夫之《宋论·太宗》

【译文】 像曹参完全继承并坚决执行萧何的制度一样，一种统一规范的法律能够善始善终的，这样的人在一百个人中也难有一个呀！

（七）

【原典】

夫治狱乃专门之学①，非人人之所能为，后世人主每有自圣②之意，又喜怒无常，每定一狱，即成一例，畸轻畸重，遗害无穷，可不慎哉？

——（清）沈家本《历代刑法考·赦考·六代录囚》

【注释】 ①专门之学：专业性的学问。

②自圣：自我认为圣明。

【译文】 审理案件是一种专门性的学问，并非每个人都能够审理。后世的君主每个都有自以为是的意思，又喜怒无常，每次审理一个案件，就变成被之后司法审判援引的判例。如果君主审理的案件或偏轻，或偏重，就会遗害无穷，君主怎么能够不慎重对待呢？

（八）

【原典】

死生罔①由于法律，轻重必因乎爱憎。受罚者不知其然，举事者不知其法。

——（清）沈家本等《修订法律大臣沈家本等奏进呈法律草案折》

【注释】 ①罔：无，不能。

【译文】 如果一个人生死不是因为法律轻缓或者重刑所决定，而是因为执法者个人的喜爱或者憎恨所致。这样受刑罚的百姓也不知道什么样的行为是对的、什么样的行为是错的，执法者不清楚法律。

三司会审制

汉代以来，凡遇重大案件，由主管刑狱机关会同监察机关、司法机关共同审理。隋朝由刑部、御史台会同大理寺实行三法司会审。唐代则实行"三司推事"制度，遇有呈报中央的申冤案件，由门下省给事中、中书省中书舍人、御史台御史等小三司审理；重大案件由大理寺卿、刑部尚书、御史中丞共同审理；对于地方上未决、不便解决的重大案件，则派监察御史、刑部员外郎、大理评事充任"三司使"，前往当地审理。

明代时定制，由大理寺、刑部、都察院三机关组成三法司，会审重大案件；遇有特大案件，则由三法司会同各部尚书、通政史进行"圆审"；皇帝亲自交办的案件，由三法司会同锦衣卫审理。

清朝继承了三司会审制度，并增设热审、秋审、朝审制度。在审判重大、疑难案件时，由刑部、大理寺和都察院三个中央司法机关会同审理，简称"三司

陕西西安唐朝大理寺遗址碑

会审"。三者职权有所不同，"刑部受天下刑名，都察院纠察，大理寺驳正"。刑部为中央司法审判机关，以尚书和侍郎为正副长官，下设十三清吏司等，受理地方上诉案件，审核地方重案及审理中央百官和京师地区案件，可处决流刑以下案件，但定罪后须经大理寺复核。大理寺为复核机关，以大理寺卿为长官，凡刑部、都察院审理的案件均须经其复核。都察院是中央监察机关，有权监督刑部的审判和大理寺的复核。

 【国学故事】

兄弟互讼　止争为先

明朝时期，大名府有兄弟二人因为财产的继承发生了矛盾，两人不仅打了十多年的官司，并且为了胜诉，互相揭发各种隐私和罪名，以此来获取官府的重视。历任州县官员都拿两人无可奈何，此案也一直悬而未决。

清官张瀚上任当地知府后，果断将两人提来审讯。张瀚问道："你们是同一父母的同胞兄弟吗?"两兄弟回答是的。张瀚立马责骂道，同胞兄弟不顾同胞情谊，反倒互相指责互相攻击，丝毫不见你们互相体谅。如此骨肉相残和禽兽之间因为食物而互相撕咬有何不同！当场张瀚便判决兄弟二人各打一顿，然后将两兄弟各自的一只手锁在一起丢进大牢关押。

一个半月后，张瀚再次提审二人，两兄弟在大堂之上泪如雨下，他们忏悔道："自从开始争吵后，十几年互不往来。这一个半月来日夜同起同卧，恢复了隔绝已久的情义，也没有什么积怨可说的了。"两兄弟还一直表示再也不会因为遗产之事争讼。张瀚笑道，能够体恤同胞之情，放下争端便是最好的结局。由此，兄弟二人被释放。

这种诉讼的处理方式在今天看来似乎不可思议，但在以礼为先的时代背景下，却深受人们赞赏，张瀚也被人们称颂为"青天"。

【现实启悟】

肩扛公正天平　手持正义之剑

作为当代的执政官员始终要谨记的一点那便是自己的权力是人民赋予的，运用权力的目的就是要全心全意为人民服务。我们中国的法律始终代表着最广大人民的利益，它是我们的执政党在长时间的执政实践中积累起来的智慧的结晶，我们的执法者们，要想全心全意为民众谋福祉，首当其冲的就是要精通自己的业务，体现自己的专业，彰显自己的权威，以求无愧于百姓。

当前，我们国家的司法实践中，不断有冤假错案被推翻重审，还被害者清白的案例。对此，我们首先要肯定的是国家的司法体系正在自省，正在成长，正在完善。同时，这也为执法者们敲响警钟，在司法业务中务必近乎严苛地要求自己，不断充实和扎实自己的基本功，杜绝冤假错案的再次发生。

当代社会实践和社会生活相比传统社会更加丰富和多元，面对纷繁复杂的社会问题，有相关法律规定和制度安排的，首要的是要求执法者有法必依。然而我们也应该清楚地认识到，没有任何一个国家的法律能够涵盖所有的社会事实，法律自身的完善是一个永无止境的过程。那么当一些社会冲突与矛盾在法律规章中找不到条文能够参考处理时，就更加考验我们执法者的专业素养和执法水平了。因此，不断地钻研业务、精通法条、通晓专业知识应该成为每一位执法者毕生追求的目标。

三、执法者须刚直不阿

（一）

【原典】

政法令，举措时，听断公，上则能顺天子之命，下则能保百姓，是诸侯之所以取国家也。

——（战国）荀况《荀子·荣辱》

【译文】颁布的法律具有正义，采取的措施合乎时宜，审理和判决非常公道，上能够顺从天子的命令，下能够保护自己的百姓，这就是诸侯为什么会获得国家的原因。

（二）

【原典】

是故威厉而不试，刑错而不用，法省而不烦，故其化如神。

——（西汉）刘安《淮南子·主术》

【译文】他（神农氏）尽管身处高位，却从不逞威逞凶；制定刑法政令，却不必动用；法令简略而不繁杂，所以对民众的教化功效神奇。

（三）

【原典】

法者天下公器，官者庶人之师。其身既正，不令而行。在下无怨，唯上之平。

—— （五代后晋）刘昫《旧唐书·姚崇传》

【译文】 法律是天下公共所有的器物，是官吏和百姓的老师。官吏自身处事公正，没有实施强制命令百姓也能够自觉执行。下面的百姓没有怨恨的原因，在于上级官员处事公平。

（四）

【原典】

古人执法，有三经断死而不渝者，有抗直犯颜而不观主威者；非但施之于守法而已，实士君子事上之道当然。

—— （北宋）吕祖谦《宋文鉴》

【译文】 古人执法，有的经过三次审理判决死刑而不改变的，有的秉直执法触犯龙颜；这并非是遵守法律的问题，实际上士大夫、君子侍奉君主之道应当就是这样的。

（五）

【原典】

法者，天下之公。徇私而轻重之，何以示天下？

—— （明）宋濂等《元史·刑法志》

【译文】 法律，是天下的公器。执法者徇私情随意减轻或者加重处罚，拿什么来昭示天下？

（六）

【原典】

严下吏之贪，而不问上官，法益峻，贪益甚，政益乱，民益死，国乃以忘 。

——（明末清初）王夫之《读通鉴论·五代上》

【译文】 对下级小吏的贪污严格处理，而不追究上级官员的责任，法律越严峻，贪污越是严重，政务越是混乱，百姓越是民不聊生，国家就灭亡了。

（七）

【原典】

其一切处分问罪，尤当虚公平恕，使情法允①孚②，无纵无枉。

——（清）马齐《圣祖仁皇帝实录·卷一》

【注释】 ①允：公允。

②孚：为人所信服。

【译文】 一切处分并问罪，特别应当谦虚公平宽恕，使得人情法理都公平使人信服，不放纵犯罪也不冤枉无辜。

 **【国学常识】**

司徒、司马、司空是官职还是复姓

中国的百家姓中有司徒、司马、司空等复姓。究其起源均来自官职。具体如下：

司马是中央官名，设置于西周，与司徒、司空、司士、司寇并称五官，掌军政和军赋。汉武帝时设大司马，作为大将军的加号，

董其昌为兵部尚书袁可立所
题诗画——《疏林远岫图》

后亦加于骠骑将军，后汉单独设置，皆开府。隋唐以后为兵部尚书的别称。

司空是中国古代官名，西周始置，掌水利、营建之事。春秋战国时沿置。明清时期也是工部尚书的别称，用以掌管工程。

司徒是上古官名，相传尧、舜时已经设置，主管教化民众和行政事务。夏、商、周时期，朝廷都设有司徒官，为六卿之一，称为"地官大司徒"，职位相当于宰相。

【国学故事】

抗旨斩弄臣的"袁青天"

袁可立（1562—1633），字礼卿，号节寰，河南睢州（今睢县）人，明万历十七年（1499年）进士，官至兵部尚书太子少保，累赠光禄大夫太子太保。立朝不阿权贵，敢于为民请命，是明代后期著名的清官廉吏和军事战略家。袁可立任御史巡视京都西城时，发现皇帝身边的太监仗势杀人，朝中其他官员也知道此事，但都不敢过问。袁可立得知事情原委，理清案件虚实之后，马上将犯事太监的罪行张贴示众，并将其捉拿到案。

随后，有人持重金登门拜访，袁可立大怒称道杀人者偿命，这是朝廷定下的规矩，即便是皇帝身边的太监也不能逃脱法律的制裁。袁可立还说他只知道有三尺之律法，不知道有皇帝身边的心腹太监。众太监得知此事后，对袁可立恨之入骨。此时，也有同僚劝他，皇帝身边的心腹太监影响力极大，最好还是将其释放。即便你不放，不久皇帝也会下旨赦免他的，到时候就大祸临头了。不久，皇帝赦免该太监的旨意果然下达了，但是袁可立仍不为所动，他将生死置之度外，在命案和王法面前并没有给皇上留面子，毅然将弄臣正法于市，万民相跪，呼"袁青天"。

【现实启悟】

打铁还需自身硬

在中国古代历史上不乏刚正不阿、不畏权贵秉公办案的杰出人物，他们的卓越事迹也一直被人们传诵。由此证明，执法者刚正不阿的品质，为民做主的情怀，挑战强权的勇气是符合广大人民群众的期望的。

党的十八大以来，习近平同志对新形势下加强纪检监察干部队伍建设提出一系列新要求。在中央纪委二次全会上，习近平同志提出："打铁还需自身硬。"要求纪检监察机关加强干部队伍建设，提高履行职责的能力和水平，做严守纪律、改进作风、拒腐防变的表率，维护纪检监察干部可亲、可信、可敬的良好形象。在中央纪委三次全会上，习近平同志又进一步指出，用铁的纪律打造一支忠诚可靠、服务人民、刚正不阿、秉公执纪的纪检监察干部队伍。

具体说来，当代的纪检干部们自身硬起来的途径有五条。

第一条是思想过硬不缺钙。一是切实解决"为谁执纪、为谁服务"的根本问题；二是树立"敢于担当、勇于作为"的意识。

第二条是作风过硬不失德。一是聚焦"四风"立说立改；二是敬业爱岗提速增效。

第三条是能力过硬不缺才。一是深化干部人事制度改革；二是加强学习增强本领。

第四条是清正过硬不缺廉。一是构筑自身廉政风险"防火墙"；二是让纪检监察机关的权力在阳光下、在制度的"铁笼子"里运行，接受群众监督；三是把紧"安全门"，不断提升廉政风险防控体系建设规范化、科学化水平。

第五条是实绩过硬不缺位。一是强化监督检查；二是严肃执纪问责。

四、执法者当有仁德之心

（一）

【原典】

今之听讼者，不恶其意而恶其人，求所以杀，是反古之道也。

——（秦）孔鲋《孔丛子·刑论》

【译文】 现在断案的人，不是厌恶犯罪人的恶念，而是厌恶他们这些人，总是寻求杀死他们的理由。这么做是违反先王之道的。

（二）

【原典】

古之听狱者，言不越辞，辞不越情，情不越义。

——（北宋）李昉等《太平御览·刑法部五》

【译文】 古代审理案件的官员，表达不超过表情，表情不超过情感，情感不超过大义。

（三）

【原典】

听狱之术，大治有三：治必宽，宽之术归于察，察之术归于义。

—— （北宋）李昉等《太平御览·刑法部五》

【译文】圣明的审理案件的方法在于三个方面：治理必须宽缓，宽缓的方法在于要明察秋毫，明察的方法在于要信守大义。

（四）

【原典】

凡理狱之情，必本所犯之事以为主，不严讯，不旁求①，不贵多端，以聪明，故律正其举劾之法，参伍②其辞，所以求实也，非所以饰实也。

—— （唐）吴兢《贞观政要·公平》

【注释】①旁求：节外生枝。

②参伍：交互错杂。

【译文】凡是审理案件，一定要根据所犯罪的事实作为主要审查内容，不能严刑逼供，不能节外生枝，不是牵连的头绪越多，就越能显示判案者的聪明。所以，法律规定举证、审讯的制度，相互交叉询问质证，是为了发现真相，而不是为了掩盖真相。

（五）

【原典】

诸有司非法用刑者，重罪之……诸鞫①狱不能正其心，和其气，感之以诚，动之以情，推之以理，辄施以大披挂及王侍郎绳索，并法外惨酷之刑者，悉禁止之。

—— （明）宋濂《元史·刑法志》

【注释】①鞫（jū）：审问，审讯。

【译文】凡是有执法官员不遵守法律动用刑罚的，处以重罪……

凡是审讯刑案不能做到心里公正，面色和蔼，以诚心感动他们，以情理打动他们，以事理来推导案情，动不动就对文武官员施以捆绑和法律之外的残忍严酷刑罚的，都应禁止。

【国学常识】

何为大赦天下

中国古代帝王以施恩为名，常赦免犯人。如在皇帝登基、更换年号、立皇后、立太子等时，或者遭遇大天灾情况下，常颁布赦令。一般在新皇帝登基或者皇宫有重大喜庆时，通常会赦免一批罪犯，这种行为叫"大赦天下"。大赦的效力很大，它不仅免除刑罚的执行，而且使犯罪也归于消灭。经过大赦之人，其刑事责任完全归于消灭。尚未追诉的，不再追诉；已经追诉的，撤销追诉；已受罪、刑宣告的，宣告归于无效。

天下大赦的引申含义，就是既往不咎，不再追究过去的问题，给予新机会重新开始的意思。表面上看，中国皇帝动不动就大赦天下，玩弄法律与股掌之中。但他们实际上也是按照规矩来的，有着明确的现实目的和意图，并不是完全拍脑袋胡来的（虽然偶尔也会莫名其妙地赦一下天下）。从皇帝大赦天下的分布看，一般而言，在皇帝觉得自己的统治不太稳定时，赦天下的频率最多。比如，汉高祖在位12年，就大赦天下九次；汉元帝在位15年，搞了十次；汉哀帝在位六年，搞了四次；而汉平帝在位只有五年，也搞了四次。东汉灵帝在位22年，搞了20次；汉献帝的哥哥刘辩在位仅仅半年，搞了两次。相反，文帝在位23年，也就大赦天下四次；景帝在位16年，也才搞了六次。汉光武帝的儿子汉明帝在位18年搞了三次。从这些数据可以看出，皇权稳定系数和大赦天下的频率是成反比的。

戴公以身作则彰显仁德

宋戴公，名撝（huī），是周朝宋国第 11 任君主，在位期间（前799—前766）由正考父辅佐，爱民如子，受万民拥戴，在位 34 年而卒，举行国葬，人们长途跋涉涌进都城，在墓边长跪不起，周宣王特赐谥为"戴"，史称"宋戴公"。戴公在正考父辅佐下，大力推行仁政，为孔子的仁德思想形成奠定了基础。戴公在即位后的第一次朝仪上对王室实行四项改革：

河南商丘三陵台遗址

（1）废除公田、藉田，田赋由十分之一减少至十二分之一。

（2）王室停止酿酒，已酿好的酒全部封存留作祭祀和招待外国宾客之用。

（3）国家除宴请外国宾客外，所有筵席停止用酒。

（4）王室餐减少菜肴数量。

作为国君，宋戴公以身作则，节制自己的饮食，不饮酒，且每餐都只吃两个菜。当国家面临灾害时，宋戴公马上下令开仓放粮，赈灾安民。遇到灾民房屋受损，亲自到现场观看，并指挥抢救伤民，修建房屋安置无家可归的人。此外，宋戴公还注重维持与邻邦之间的关系，从未和其他国家发生争端。宋戴公还尤其注重农业生产，为了提高农业生产率，宋戴公也是亲自上阵，带领大家使用新式农具。几年后，宋国大都用上了新式农具，还建立了一个新式农具生产区，从此宋国逐渐发展壮大，日益强盛，在列强中占有一席之地。

 【现实启悟】

大足以容众，德足以怀远

2015 年 8 月 29 日，习近平签署主席特赦令，根据十二届全国人大常委会第十六次会议 29 日通过的全国人大常委会关于特赦部分服刑罪犯的决定，对参加过抗日战争、解放战争等四类服刑的罪犯实行特赦。特赦是以法治精神对德政传统的灌注，是实施宪法规定的特赦制度的创新实践，具有重大的政治意义和法治意义。本次特赦是自 1975 年第七次特赦后，时隔 40 年的又一次特赦，也是现行宪法规定特赦制度 33 年来的第一次特赦。40 年后重启特赦，既令人格外关注，又属情理之中。

特赦既是我国传统，也是国际通例。《汉书·平帝纪》载："夫赦令者，将与天下更始。诚欲令百姓改行洁己，全其性命也。"遇有重要庆典、重大事件，行大赦、曲赦、德音之令，给行差走错的百姓一个改过自新的机会，是中国政治"宽宥之道"的固有传统，也是平和世道人心、和谐社会关系的仁爱政治。国外在特殊时刻，因特殊原因而赦免特定罪犯的，同样比较常见。比如为庆祝韩国光复 70 周年，韩国政府就曾对 6527 名罪犯实行了特赦。

此次特赦，是以法治精神对德政传统的灌注。"惟宽可以容人，惟厚可以载物。"对于参加过抗日战争、解放战争，以及符合条件的在新中国成立以后参加过保家卫国、捍卫领土主权完整战争的罪犯实行特赦，是对他们所作历史性贡献的认可，使他们在胜利日分享国家的喜庆；而对年满 75 周岁身体严重残疾且生活不能自理的罪犯，以及符合条件的部分犯罪不满 18 周岁、被判处三年以下有期徒刑或者剩余刑期在一年以下的服刑罪犯的特赦，体现的是我国法制史上一直提倡的"矜老恤幼"人道主义赦免原则。"大足以容众，德足以怀远"。在抗日战争胜利 70 周年之际，对部分服刑罪犯的特赦，通过法治精神与德政传统的成功锻接，将向世界展示中国法治发展的成果与制度自信；亦能促进社会和谐，以法治与德治的结合，彰显中国政治中和宥恕的雍容气象。

五、执法者须明辨是非

（一）

【原典】

凡讯狱，必先尽听其言而书之。

——秦《睡虎地秦墓竹简·封诊式》

【译文】凡是讯问处理案件，一定要先全部听完口供并记录它。

（二）

【原典】

凡听五刑之狱……意论①轻重之序，慎测浅深之量以别之②。

——《礼记·王制》

【注释】①意论：考虑。

②别之：区别对待。

【译文】大凡断狱……官吏要考虑犯罪者罪行轻重的程度，谨慎测度犯罪者的主观动机，以区别量刑的轻重。

（三）

【原典】

五听唯当察其因貌，更有所考合，考复同，方从众议断之，重刑之至也。

————（唐）长孙无忌等《唐律疏议·断狱》

【译文】运用"五听"的方法来观察囚犯的情状，而且要考察比对，比对正确，才能够依据大家的意见来判断，之后才能够施加重刑。

（四）

【原典】

臣窃以为凡议法者，当先原①立法之意②，然后可以断狱。

————（北宋）司马光《司马温公集·议谋杀已伤案欲举自首状》

【注释】①原：追寻。

②立法之意：制定法律时的原意。

【译文】我私下认为凡是讨论法律，一定要先寻求制定法律时的立法原意，然后才可以来判断案件。

（五）

【原典】

狱讼，面前①分晓事易看。其情伪难通，或旁无佐证，各执两说系人性命处，须吃紧思量②，犹恐有误也。

————（南宋）朱熹《朱子语类·朱子七·论刑》

【注释】①面前：当面审查。

②吃紧思量：仔细认真地思考。

【译文】审理案件，采取当面对质方式辨别事情的真伪比较容易。如果案件情形有虚假、逻辑不通，或者没有相关的证据，当事人各自执有不同的观点，关系到人命的，必须认真谨慎地思考，还担心会出错误。

<h2 style="text-align:center">（六）</h2>

【原典】

天下疑狱，谳①省不能决，则下两制与大臣若台谏杂议，视其事大小，无常法。

——（元）脱脱等《宋史·刑法志》

【注释】①谳（yàn）：审判定案。

【译文】天下的疑难案件，审理不能够判决的，就由几个部门的大臣一起讨论，视事情的大小来判断，并没有固定的常法。

<h2 style="text-align:center">（七）</h2>

【原典】

凡应八议①之人，及年七十以上、十五以下，若废弃者，并不合拷讯，皆据众证②定罪。

——明《大明律·刑律》

【注释】①八议：古代给予少数上层阶级人员执行刑罚的一种特权制度。

②证：证据。

【译文】凡是应当属于八议的人，以及年龄七十岁以上、十五岁以下，以及残疾人，都不应当拷问刑讯的，都应依据证据来定罪。

【国学常识】

惊堂木的渊源与发展

惊堂木也叫醒木，也有叫界方和抚尺的。一块长方形的硬木，有角儿有棱儿，使用者用中间的手指夹住，轻轻举起，然后在空中稍停，再急落直下。惊堂木也是古时县官用来震慑犯人的一种手段，有时也用来发泄，让堂下人等，安静下来。惊堂木的正式名称叫"气拍"，也有叫界方和抚尺的，"惊堂木"为俗称，取"规矩"之意，具有严肃法堂、壮官威、震慑受审者的作用。惊堂木根据所用的人不同，上边雕饰的花纹、体积的大小不同，所叫的名称也不同。

惊堂木　清

惊堂木在中国的出现和使用，始于春秋战国时期。各级衙门都可以在开庭时使用，一般的惊堂木上都刻有象征权威的图案，清代以前最常见的是龙造型的图案，除此以外没有其他的款式标记。皇帝使用的惊堂木称作"龙胆"，亦称"震山河"。意思是皇帝一拍四海皆闻，以显示至高无上的权力；皇妃使用的称作"凤翥"，也称"凤霞"；丞相使用的称作"运筹"，亦称"佐朝纲"，用以显示身份；将帅使用的为"虎威"，还被称为"惊虎胆"，用以震军威；县官使用的称为"惊堂"或"惊堂木"。僧人使用的为"振垃""戒规""醒术""驱邪""含牌"，用以醒神；道士用的叫作"镇坛木"，兼有法器的作用；教书先生使用的称为"醒误"亦称"呼尺"，用以维持课堂纪律；当铺所用的称作"唤作"；药铺、医生使用的称作"慎沉""审慎"；客栈柜房所用的叫作"镇静"；说书艺人所用的除了"醒木"外，还称其为"过板石""拎儿"，或叫"止语"，开讲前一拍意在告诉听众注意，说书马上开篇。

【国学故事】

宋慈明断凶杀案

宋慈（1186—1249），字惠父，建阳（今属福建南平地区）人，中国古代法医学家，中外法医界普遍认为正是宋慈于1235年开创了"法医鉴定学"，因此宋慈被尊为世界法医学鼻祖。宋慈所著《洗冤集录》是世界上最早的法医专著，在中国元、明、清三朝是刑官、法官必读之书，先后被译成法、英、荷等多种文字。宋慈一生二十余年的官宦生涯中，先后四次担任高级刑法官，后来进直宝谟阁奉使四路，也是"皆司臬事"。其间，宋慈在处理狱讼中，特别重视现场勘验。他对当时传世的尸伤检验著作加以综合、核定和提炼，并结合自己丰富的实践经验，完成了《洗冤集录》这部系统的法医学著作。

书中记载一男子死在河道之中，但对于其是失足落水意外身亡还是凶杀案无法定夺，宋慈表示是失足落水还是死后抛尸，取来他的头骨就能得到答案。将头骨弄干净，放在盆中，用热水从头顶浇灌，如果盆中有泥沙，证明落水时曾挣扎呼吸，泥沙进入五官内，又在热水的冲洗下进入盆底。如果盆中没有泥沙，往往是死后抛尸，因为被害人呼吸已停，气息已止，所以泥沙不入。在某个已经火焚的现场，要找到杀人凶手曾经作案的证据，可以将被害人伏尸的地方打扫干净，先用酽米醋浇泼，然后用酒浇泼，土质地面上很快就会显现被害人流淌过的血迹。一个人死于意外还是他杀，在检官的抽丝剥茧中会冲破重重迷雾。

【现实启悟】

保持忧患意识，保持清醒头脑

"对党和人民确立的理想信念倍加坚定、对党肩负的历史使命倍加清醒。""必须清醒看到，我们工作中还存在许多不足，前进道路上还有不少困难和问题。""我们必须清醒认识到，我国仍处于并将长期处于社会主义初级阶段的基本国情没有变，人民日益增长的物质文化需要同落后的社会生产之间的矛盾这一社会主要矛盾没有变，我国是世界最大发展中国家的国际地位没有变。""面对人民的信任和重托，面对新的历史条件和考验，全党必须增强忧患意识，谦虚谨慎，戒骄戒躁，始终保持清醒头脑。"

上述党的十八大报告中，"清醒"一词多次被提及。在我国改革开放进入深水区，面临的社会矛盾和问题越来越多、越来越复杂的情形下，始终保持清醒的头脑，对全党、全国各族人民来说具有深远的意义。对于已经改革了三十多年的中国来说，此时此刻"清醒"是非常重要非常重要的一个关键词，为什么我们此时要关注"清醒"呢？第一，过去三十多年的改革，我们积累了巨大的成就，取得了巨大的突破，全世界的赞扬，包括我们自己的自豪感，也都如潮而来，面对好的成就，我们别晕；第二，改革三十多年里也出现了很多新的问题和挑战、压力，面对这些挑战和压力，我们也别慌。一个"别晕"，一个"别慌"，都需要的就是"清醒"。

习近平同志讲道："我们的人民热爱生活，期盼有更好的教育、更稳定的工作、更满意的收入、更可靠的社会保障、更高水平的医疗卫生服务、更舒适的居住条件、更优美的环境，期盼着孩子们能成长得更好、工作得更好、生活得更好。人民对美好生活的向往就是我们的奋斗目标。"身为当代的党政干部，面对人民群众对美好生活的向往和诉求，我们需要找到一种务实前行的状态，一种紧迫感，能够时刻在心里提醒自己要抓住时间、珍惜时间、保持冷静、继续前行。这些都是值得我们去思考的。让我们共同努力，携起手来去实现一个又一个的目标和梦想。

第九篇 明察慎刑

"治之经，礼与刑，君子以修百姓宁。明德慎罚，国家既治四海平"，古代中国社会对于刑狱适用的理念经历了一系列转变，总体而言对于刑狱的适用，普遍认为不能过重或过轻，尽管在中国历史上，倡导重刑治国者都为数不少，如商鞅、韩非和管子等，但实际上我们可以发现重刑反而不利于国家的长治久安。因此"明德慎罚""轻刑罚"的思想一时间占据了主流，这种思想源头见于黄老，而儒家也是其重要的倡导者。历史上持这种治国执政主张的人为数不少，"徒善不足以为政，徒法不能以自行"（孟子）；"治之经，礼与刑"（荀子）；"德以施惠，刑以正邪""德以柔中国，刑以威四夷"（左丘明）；"教令为先，诛罚为后""敬之以礼义，诲之以忠信，诚之以典刑，威之以赏罚，故人知劝然后习之"（孔明）；"民无廉耻，不可治也；非修礼义，廉耻不立；民不知礼义，法不能正也"（刘安）；"威与信并行，德与法相济"（苏轼）；"有法制而无道德以为之本，则法律皆伪，政治皆敝"（康有为）等。

　　孔子云："宽以济猛，猛以济宽，政是以和。"这两种不同的执法理念展示了中国古代礼法天下的两面性：温情与严酷。在接下来的章节中，我们将对古代社会慎刑狱、严断狱的思想体系进行深入剖析和讨论。

一、冤狱当杜绝

（一）

【原典】

奸宄①杀人，历②人宥③。

——春秋《尚书·周书·梓材》

【注释】①奸宄（guǐ）：指违法作乱的人。

②历：经过。

③宥：宽容，饶恕，原谅。

【译文】违法作乱的人杀人，路过的无辜路人不应该被要求承担责任。

（二）

【原典】

治国有二机①，刑、德是也。王者尚其德而希②其刑。

——（西汉）刘向《说苑·政理》

【注释】①机：对事情的成败有重要关系的中心环节。

②希：少，减少。

【译文】治国有两个机要，就是法治和德治。以仁爱天下者治国，崇尚德治而减少刑戮人民。

（三）

【原典】

仁恩^①以为情性^②，礼义以为纲纪，养化以为本，明刑以为助。

——（唐）魏徵等《隋书·刑法志》

【注释】①仁恩：仁慈恩德。

②情性：本性。

【译文】要以仁慈恩德作为本性，以礼法道义作为纲要法纪，培养教化作为根本，明确法令作为辅助。

（四）

【原典】

凡立法者，非以司^①民短而诛过误也，乃以防奸恶而救祸患，检^②淫邪而内^③正道。

——（唐）吴兢《贞观政要·论公平》

【注释】①司：视察。

②检：注意约束（言行）。

③内：亲近，接受。

【译文】立法的本意，不是单等老百姓犯错违法，也不是专门为惩罚那些有过错、失误的人。而是用来防止奸邪作恶的行为，以此来把弱者从灾祸和痛苦中挽救出来；能够检查发现那些淫邪之人，以此来将各项事务都纳入人间正义、公平与公正的道路。

（五）

【原典】

谓将犯法者肆①于市，令众人见，使他人不复犯法，如他人皆不犯法，则刑法之具皆措②置不用，刑以期无刑也。

——（唐）长孙无忌等《唐律疏议·名例》

【注释】 ①肆：古代对犯人处以死刑并陈尸于市。

②措：搁置，安置。

【译文】 之所以将触犯法律的人处以死刑并陈尸于市，让百姓看到，就是要让其他的人不再重犯，如果其他的人都不犯法了，刑法这一工具就可以搁置不用了，处以刑罚以希望达到没有刑罚的目的。

（六）

【原典】

《庄子》曰：赏罚利害①，五刑②之辟③，教之末；礼法度数，刑名比详，治之末也。

——（宋）李昉等《太平御览·刑法部二》

【注释】 ①利害：利益和害处。

②五刑：古代的五种肉刑。

③辟：即大辟，斩首的刑罚，是古代五刑之一。

【译文】 《庄子》说：奖赏和惩罚的利害关系，五刑中的大辟，在教化中发挥的是末端作用；礼教法度的程度中，刑法罪名的详备，是治理国家的最低级的方式。

（七）

【原典】

莫不贵^①仁，而无能纯仁以政治也；莫不贱刑，而无能废刑以整^②民也。

——（东晋）葛洪《抱朴子外篇·用刑卷》

【注释】 ①贵：值得看重，重视。

②整：治理。

【译文】（治理天下）一定要重视德治，但不能单用仁德来治理国家；（治理天下）不能不减轻刑罚来获取民心，但也不能废除刑罚来管理人民。

【国学常识】

监狱的渊源

"监狱"起初并不叫监狱。夏朝时期监狱叫"夏宫"，商朝时期监狱称之为"圉（yǔ）"，周朝时期监狱名为"圜（huán）土"，秦朝时期监狱称之为"囹圄"，直到汉朝监狱才开始叫"狱"。秦朝时，不仅京城有狱，地方也开始设狱。汉朝时期，监狱更是名称繁多。南北朝时期的北朝，又开始掘地为狱，发明了"地牢"。唐朝时，各州县都有了监狱。宋朝各州都设置了类似周朝"圜土"的监狱，白天犯人出去劳役，晚上入狱休息。到明朝以后，又称监狱为"监"。再后来，才将"监"和"狱"合并为一体，统称为"监狱"。

古代监狱

【国学故事】

以法为准　不从王愿

唐玄宗时期，裴景仙时任武强县县令，其在任期间通过不断地向百姓索取钱财，累计赃值高达五千余匹。裴景仙离任后被人揭发捉拿下狱。唐玄宗得知此案后大为震怒，下令要将裴景仙"集众杖杀"（召集朝廷官员当场杖杀）。

然而，时任大理卿李朝隐却坚决上奏反对说，首先裴景仙所犯的罪名是监临主守乞取，属于法律上的"受所监临"。按照当时的法律规定，罪不至死。其次，裴景仙是先朝贵臣裴寂的曾孙，裴氏家族在武后时惨遭迫害，仅留下裴景仙一人在世，按照法律即使是犯死罪也可以请求宽大处理，以保存该族血脉。以此为理由，李朝隐请求唐玄宗改判裴景仙流放，免除死刑。

然而，唐玄宗看了李朝隐的奏章后，仍然不为所动，依然下"手诏"一定要处死裴景仙。李朝隐又一次上奏据理力争说，尽管生杀大权的确应该由皇上来掌握，然而，国有国法，我们还是应该严格遵守法律条文，按照法律的规定，枉法赃满十五匹处绞刑，而乞取赃再多也只是流刑。所以如果皇上决意要处死裴景仙，那么以后对于枉法赃罪就无法客观定夺了。因此，皇上无论如何都不能加重处罚。由于李朝隐的据理力争，唐玄宗最后才接受李朝隐的建议，将裴景仙改处杖一百，流放岭外。

【现实启悟】

治国以德治为先

历史表明，凡是轻德重罚，只用严刑峻法的朝代，多是不长久的；而德法兼用、德主刑辅、明德慎罚的朝代，往往是长治久安的，法律不能惩恶意，道德不能治恶行。"先德教，后刑罚，刑罚当，民不怨""道之政，齐之以刑，民免而无耻；道之以德，齐之以礼，有耻且将"，道德教育要讲究实效，刑罚要得当。

习近平同志在山东考察时语重心长地指出："国无德不兴，人无德不立。"这是对两千多年前孔子等先贤以德治国、以德兴业、以德立人等传统政治伦理理念的现实回应。当然，现代国家的治理不仅需要健全而高尚的道德伦理和文化精神，同时也需要健全的法律和法制作为保障。治理国家要将教化与法律相结合，这是中国古代儒家关于德教与刑政关系的主张。中国历史上早在西周就将"明德慎罚"作为立法指导思想之一，在《尚书·康诰》中首次提出了"明德慎罚"的思想；而春秋时孔子在《论语·为政》中提出："道之以政，齐之以刑，民免而无耻；道之以德，齐之以礼，有耻且格。"

而习近平同志把"德"和"兴"联系起来，就是进一步强调了"德治"思想中的"正能量"。把"以德治国"治国方略发展到"以德兴国"的兴国方略，强调了道德在全社会发展中的重要作用。但同时，他也没有忽视法治。习近平同志在庆祝全国人民代表大会成立60周年大会上的讲话中，他就引用了韩非"奉法者强则国强，奉法者弱则国弱"以强调依法治国的重要性。他在中央政法工作会议上也提及"理国要道，在于公平正直"，指出促进社会公平正义是政法工作的核心价值追求。德法兼用的中国必将走向兴盛。

二、断狱当明察秋毫

（一）

【原典】

故曰：亏令①者死，益②令者死，不行令者死，留③令者死，不从令者死。五者死而无赦，唯令是视。故曰令重而下恐。

——（春秋）管仲《管子·重令》

【注释】①亏令：损害法令。

②益：增加，增添。

③留：扣压，延迟。

【译文】所以说：损害法令的人，处死；增添法令的人，处死；不执行法令的人，处死；扣压法令拖延执行的人，处死；不服从法令的人，处死。五种情况都不能赦免，一切唯法令是从。所以说，法令威严臣子就畏惧了。

（二）

【原典】

五刑之疑有赦，五罚之疑有赦，其审克①之！简孚②有众，惟貌有稽③。无简不听④，具严天威。墨辟疑赦，其罚百锾⑤，阅实其罪。劓辟疑赦，其罪惟倍，阅实其罪。剕辟疑赦，其罚倍差⑥，阅实其罪。宫辟疑赦，其罚六百锾，阅实其罪。大辟疑赦，其罚千锾，阅实其罪。

——春秋《尚书·吕刑》

【注释】①克：严格核实。

②孚：为人所信服。

③稽：考核、计较。

④听：治理、判断。

⑤锾（huán）：古代重量单位，亦是货币单位，标准不一。

⑥倍差：增加一倍后又减去原数的三分之一。即增加到原数的一又二分之一倍。

【译文】根据五刑定罪的疑案有赦免的，根据五罚定罪的疑案有赦免的，要详细察实啊！要从众人中核实验证，审理案件也要有共同办案的人。没有核实不能治罪，应当共同敬畏上天的威严。判处墨刑感到可疑，可以从轻处治，罚金一百锾，要核实其罪行；判处劓（yì）刑感到可疑，可以从轻处治，罚金二百锾，要核实其罪行；判处剕（fèi）刑感到可疑，可以从轻处治，罚金五百锾，要核实其罪行；判处宫刑感到可疑，可以从轻处治，罚金六百锾，要核实其罪行；判处死刑感到可疑，可以从轻处治，罚金一千锾，要核实其罪行。

（三）

【原典】

主道者，使人臣有必言之责，又有不言之责。言无端末①，辩②无所验③者，此言之责也；以不言避责、持重位者，此不言之责也。人主使人臣言者必知其端以责其实，不言者必问其取舍以为之责，则人臣莫敢妄言矣，又不敢默然矣，言、默皆有责也。

——（战国）韩非《韩非子·南面》

【注释】①端末：来龙去脉。

②辩：辩论，言辞。

③验：验证，证据。

【译文】做君主的原则是，应该使得臣子一定担负起说话的责任，也担负起不发言表态的责任。说话无头无尾，辩论缺乏证据无从验证的，要追究说话者的责任。以不发言表态来逃避责任、保持显赫权位的，要追究不发言人的责任。君主对于发言的臣子，一定要查询其来龙去脉，责求他的实效；对不发言的臣子，也必须问清楚他到底是赞成还是反对，从而确定他的责任。这样，臣子就不敢乱说了，也不敢不说了，发言和沉默都有相应的责任。

（四）

【原典】

天地之性，万物之类，怀德者众归①之，恃刑者民畏之。归之则充其侧，畏之则去其域②。故设刑者不厌轻，为德者不厌重；行罚者不患薄，布赏者不患厚。所以亲近而致远也。

——（西汉）陆贾《新语·至德》

【注释】①归：趋向，去往。

②去其域：离开所在的地方。

【译文】天地万物都有同样的特性，人们都会向往和趋向那些怀有德行的人，而畏惧那些仗着有权施行刑罚而凌驾在百姓之上的人。人们簇拥在那些有德行的人身边，而远离那些仗势欺人的人。因此，设置刑罚的人不要嫌弃刑罚过轻，有德行的人不要满足于德行的厚重；处罚人的时候不要认为处罚太少了，赏赐别人的时候不要觉得赏赐多了。就是这样以德为主，以刑为辅，就是民心所向的关键了。

（五）

【原典】

八议：一曰议亲，二曰议故，三曰议贤，四曰议能，五曰议功，六曰议贵，七曰议勤，八曰议宾①。

——（东汉）班固《汉书·志·刑法志》

【注释】①宾：宾客、归顺。这里借指前王朝的后人。

【译文】八议：一叫王的五代以内的亲族，有罪考虑减免刑罚；二叫王的故旧，有罪考虑减免刑罚；三叫有德行的人，可以考虑减免刑罚；四叫有技能的人，可以考虑减免刑罚；五是有功劳的人，可以减免刑罚；六是爵位高的人，有罪可以减免刑罚；七是为国事勤劳的人，有罪可以减免刑罚；八是前王朝的后人，有罪可以考虑减免刑罚。

（六）

【原典】

其决疑平法①，务在哀鳏寡②，罪疑从轻，加审慎之心。

——（东汉）班固《汉书·于定国传》

【注释】①平法：执法平正。

②鳏（guān）寡：老而无妻曰鳏，老而无夫曰寡，泛指没有劳动力而又没有亲属供养的人。

【译文】于定国判案公允，尽可能体恤鳏寡孤独的人，不是特别肯定的犯罪，都尽量从轻发落，格外注意保持审慎的态度。

（七）

【原典】

诏曰："鞭作官刑，所以纠慢怠也，而顷①多以无辜死。其减鞭杖之制，着②令。"

——（西晋）陈寿《三国志·魏书·明帝纪》

【注释】①顷：最近，不久以前。

②着：公文用词，表示命令的口气。

【译文】明帝下诏说："以鞭笞作为官方的刑罚，本是为了改变对法令的轻视，近年由于许多无辜者死于鞭杖之下，朝廷决定减小鞭刑的使用范围，并明确写进法令。"

（八）

【原典】

谓犯法者未入死刑，又过徒刑①，遂流于远。虑其性恶，染坏正俗，流放远恶之处；欲使生活，以流放之法，宽从五刑②也。

——（唐）长孙无忌等《唐律疏议·擅兴》

【注释】①徒刑：刑罚名。将罪犯拘禁在一定场所，剥夺其自由，并强制劳动的刑罚。

②五刑：五种残酷地损害肉体的刑罚，包括大辟、墨、劓、剕、宫。

【译文】触犯法律的人论其罪行够不着死刑，但又超过了徒刑，就施以流放到偏远的地方的刑罚。因考虑到他性质恶劣，怕他败坏善良的风俗，所以把他流放到偏远险恶的地方。想让他们存活，就以流放的刑罚，作为替代五种肉刑从轻处罚的刑罚方式。

【国学常识】

中国古代刑罚的轻缓化

刑罚脱胎于原始社会的复仇习俗。中国古代的刑罚极为残酷、野蛮，仅死刑的执行方法就有十多种，如斩首、车裂、弃市、腰斩、解、开肠破肚、摘肺剜心等。春秋战国时期，奴隶社会的刑罚制度逐渐消亡。汉文帝废肉刑之举，在中国刑罚史上具有深远的意义。魏晋南北朝时期刑罚方法逐步简化，到隋朝时最后确定了封建制的

古代刑罚之杖刑

五刑，即笞、杖、徒、流、死。隋朝不仅在法律上彻底废除了肉刑以及枭首、车裂等残酷的刑罚方法，而且使刑罚更为轻缓。唐朝是中国封建社会的全盛时期，唐律是中国封建法律的楷模，中国的古代刑罚制度在唐律中达到了非常完备的程度。就死刑制度而言，唐朝只存在斩、绞两种，这其实是社会的一大进步，也是刑罚走向轻缓化的重要体现。

 【国学故事】

汉文帝废肉刑

汉文帝时期，在临淄有一人名为淳于意，由于其喜欢医学，经常给人治病。后来官拜太仓令，但由于其不愿跟做官的人来往，也不会阿谀奉承，因此干脆辞职做起了全职医生。

有一次，一个大商人的妻子得了重病找淳于意医治。但是无奈病情太重，病人吃了淳于意开的药后仍然没见好转，最终还是病逝了。大商人见此向官府告了淳于意一状，说淳于意治死了自己的妻子。当地的官吏迫于压力判决淳于意肉刑，要押解他去长安受刑。

淳于意有五个女儿，其最小的女儿名叫淳于缇萦。在得知父亲的遭遇后提出要陪同父亲一起去长安。到了长安后，淳于缇萦托人写了一封奏章，几经周折奏章最终递到了汉文帝的手里。汉文帝接到奏章后很是重视，奏章中写道："我叫缇萦，是太仓令淳于意的小女儿。我父亲做官的时候，齐地的人都说他是个清官。现在他犯了罪，被判处肉刑。我不但为父亲难过，也为所有受肉刑的人伤心。一个人砍去脚就成了残废；割去了鼻子，不能再安上去，以后就是想改过自新，也没有办法了。我情愿给官府没收为奴婢，替父亲赎罪，好让他有个改过自新的机会。"

汉文帝审阅奏章后十分同情淳于缇萦。汉文帝召集大臣说，犯了罪的确应该受罚，然而，惩罚的目的在于让犯罪的人重新做人。但是，肉刑这种方式太过残酷，受刑后的人又怎么能改过自新呢？他要求大臣们想个解决的方案。最终，在汉文帝的引导下，肉刑得以废除，缇萦也因此救了她的父亲。

【现实启悟】

轻刑罚促和谐

"约法省禁、刑不厌轻，罚不患薄"，黄老学派总结秦朝灭亡的教训，认为最主要的原因是秦朝法律过于繁密和残酷，秦朝统治者妄诛轻杀、苦民伤众，对人民过于压制。因此，我们现代和谐社会要使社会安定，人民的生产和生活井然有序，并不依赖于严刑苛法，而在于"约法省禁"，一切求其"合于人情而后为之"。无论就历史经验还是现实教训而言，都只能遵循"设刑者不厌轻，为德者不厌重，行罚者不患薄"的原则，以求获得民心，收到"不信而信，不怒而威"的效果。历史上许多的统治者都认识到国家的法律是禁暴而保护人民的，例如在该思想的指导下的汉文帝于前 179 年废"除收孥相坐律"；第二年"除诽谤律"；前 167 年废除肉刑。

重温"刑不厌轻""罚不患薄"这些告诫，有益于警示、调整与和谐共建。"与其杀无辜，宁赦于有罪""疑罪从去，疑功从予"，这些古已有之的思想指导着现代司法制度的建设与变革，现代司法实践人性化改革的特点之一就是"在取得确凿证据之前，先对嫌疑人作无罪推定，杜绝重判、错判的悲剧发生"，国家已越来越认识到司法权必须慎重使用，司法是一柄双刃剑，用之得当则能发挥好的作用，用之失当则会发挥坏的作用，尤其是用刑不慎就会导致司法冤滥。司法（刑罚）的价值不在于让民众畏惧，而在于辅助德化，司法的最高价值是"仁义"，司法的基本目标是"天下和平"，而实现上述价值和目标需要就是要推行"设刑者不厌轻""行罚者不患薄"的宽和司法，这种司法带有鲜明的人道精神，而这种代表人道精神的轻缓、宽和的司法更能赢得民心，更有利于社会的和谐。

三、断狱当明允

（一）

【原典】

太史！司寇苏公式敬①尔由狱②，以长我王国。兹③式④有慎，以列用中罚。

——春秋《尚书·周官·立政》

【注释】①敬：谨慎不怠慢。

②由狱：断狱，审理和判处案件。

③兹：现在。

④式：规定。

【译文】太史！司寇苏公规定要严肃认真地处理狱讼案件，使我们的王国长治久安。现在规定慎之又慎，依据常例，使用适中的刑罚。

（二）

【原典】

轻重诸罚有权，刑罚世轻世重，维①齐非齐，有伦②有要。

——春秋《尚书·吕刑》

【注释】①维：也做"惟"，保持。

②伦：条理、次序。

【译文】对犯重罪的人，适于轻判的，就处以轻罚，对犯轻罪的人适于重判的人，可处以重罚，刑罚的轻与重根据情况去裁量，只有这样才是公平公正的，应随着时代的变化而有所不同。

（三）

【原典】

大司寇①之职，掌建邦之三典，以佐王刑邦国，诘②四方。一曰，刑新国用轻典；二曰，刑平③国用中典；三曰，刑乱国用重典。

——战国《周礼·秋官司寇》

【注释】①司寇：古代官名。古代中央政府中掌管司法和纠察的长官。

②诘（jié）：谴责、问罪。

③平：安定的，平稳的。

【译文】大司寇的职责，负责建立和颁行治理天下的三法，以辅佐君王惩罚国内违法的人，禁止各诸侯国的叛逆：一是国家新建立时应该使用轻法，二是国家安定平稳时应使用适中的刑法，三是国家动乱时应该使用重法。

（四）

【原典】

窃①以为刑罚轻重，随时而作。时人少罪而易威，则从轻而宽之，时人多罪而难威，则宜死刑而济②之。

——（唐）房玄龄等《晋书·刑法志》

【注释】 ①窃：谦辞，指自己。

②济：轻与重相辅相成。

【译文】 判断刑罚何时轻何时重，应当依据不同的社会情况。倘若犯罪人较少而且容易震慑，则使用较为轻缓的处罚方式，而如果涉案人数多，难以震慑，则使用重刑如死刑加以惩戒。

（五）

【原典】

公开执法："夫刑人①**于市，与众弃之；爵人**②**于朝，与众共之。明**③**不私于天下**④**也。"**

—— （唐）杜佑《通典·刑法五》

【注释】 ①刑人：对人实施刑罚。

②爵人：给人封爵位。

③明：公开。

④不私于天下：不私自隐藏起来。

【译文】 在闹市对人实施刑罚，目的是与百姓大众一同鄙视舍弃他；在朝廷上给人封爵，目的是与百姓大众共同尊崇他。执法应当公开不应当秘密地执行不告知天下人。

（六）

【原典】

盖①**太祖用重典以惩一时，而酌中制**②**以垂后世。故猛烈之治，宽仁之诏，相辅而行，未尝偏废也。**

—— （清）张廷玉《明史·刑法志》

【注释】 ①盖：文言虚词，发语词。

②中制：符合中庸之道的规章制度。

【译文】 明太祖用重典惩治犯罪乃一时权宜之计，而酌取适中的法制才为了给后代垂留典范，因此既用猛烈法制，又下宽仁诏书，相互辅助而行，未曾有所偏废。

（七）

【原典】

善为政者，刑先于贵，后于贱；重于贵，轻于贱；密于贵，疏于贱；决^①于贵，假^②于贱。

—— （清）唐甄《潜书·权实》

【注释】 ①决：坚决执行。

②假：宽容；宽饶。

【译文】 善于为官从政的人，在进行刑罚时，先制裁地位高的，后制裁地位低的；对地位高的从重，对地位低的从轻；对地位高的严苛，对地位低的松缓；对地位高的认真坚决，对地位低的宽容。

（八）

【原典】

朝廷立法不可不严，有司^①行法不可不恕^②。

—— （清）金缨《格言联璧》

【注释】 ①有司：官吏。

②恕：原谅、宽容。

【译文】 朝廷建立法制的时候不能不严格，官吏实行法治的时候不能不宽容。

【国学常识】

何为凌迟处死

不少人认为凌迟为中国古代刑罚系统中最典型的惩罚。然而事实恰恰相反，凌迟与古代刑罚大相径庭，它应该属近代的刑罚。虽然凌迟一词最早出现在 10 世纪，直至 13 或 14 世纪才正式编入刑律。无论就刑罚的本身还是其名称来看，很有可能不是起源于中国。此外，1905 年法学史家沈家本奏请删除凌迟等极刑获准，也是以此作为论据之一。毕竟凌迟不合乎中国的法学精神、刑罚特性以及应用方法，看起来比较类似特殊法的惩戒类型。当然，这项特殊法是隶属于帝王的司法系统，《元律》有记载。不过，经过仔细观察之后，建立非刑之正的处罚，毕竟违反正常的法学精神，从建立到废除为止，文人始终称之为残酷、不人道的处罚。

凌迟，是一种肢解的惩罚，即身体四肢的切割、分离。清朝末年拍摄的照片，显示为真正的"八刀刑"处决。八刀刑，刽子手利用一篓编上号码的锋利刀具：第一刀，切胸口；第二刀，切二头肌；第三刀，大腿；第四刀和第五刀，切手臂至肘部；第六刀和第七刀，切小腿至膝盖；第八刀，枭首。肢解后的尸体残骸放入篓子里，头颅则公开示众，期限不定。这是清朝末年的做法，一般俗称为"十六刀""三十二刀""三百六十刀"……不过我们不清楚是否真有这些数目，或只是虚构的数目。明朝时期的"刀"，有切伤和"多"之意，数目累加，行刑时间延长。

子产论政

郑国子产在其执政的十多年里，表彰"忠俭"，反对"太侈"，改革田地制度和兵赋制度，颁布刑法条文，限制贵族的特权，严肃朝廷法纪。由此也一直被后人称为明君贤主。

子产重病后，交代太叔道，治理国家要讲究宽猛相济的方法。要努力把握好其中的度，只有这样才能带领国家走向强盛。德行的重点在于对待民众要宽和，对待歹徒则要严厉。就如同水火一般，对待百姓要如水一样柔和，不能让他们产生畏惧之心。而对待不法之徒则要如烈火一般，让他们心生畏惧。尽管如此，但是真正的宽和执政实施起来难度很大。既要百姓不惧怕"水"，又要百姓不敢过于轻视，否则便会"淹死"在"水"里。

位于河南省长葛县的子产台

子产最终病逝，孔子得知后深感痛苦。并由衷表示子产就是古代流传下来有仁爱之心的人。

 【现实启悟】

治国当"刚柔并济"

凡事都有两面，古人很早就认识到了这一点，并且一直注重并提倡在相反的两个方面之间寻求平衡。按照传统的观点，失去平衡，偏重一方面，忽视另一方面，事情就会出毛病；阴阳调和，刚柔相济，事情就会顺利发展，兴旺发达。

宽大仁慈，并不意味着软弱。它实际上既体现了胸襟和气度，也体现了涵养与明智。宽大为怀，是为了征服人心，使人信服，也是自信心的表现；威猛严厉，也不意味着残忍。它所体现的是决心和力度，为的是以强硬手段迫使越轨者和不法之徒循规蹈矩，遵纪守法，平等竞争。过分的宽大仁慈容易使人误以为软弱，从而得寸进尺，变本加厉；过分的威猛严厉容易导致残暴，从而引起强烈反抗，法纪大乱。所以，宽和与严厉相互补充调节，可以避免走极端造成的不良后果，让人们心服口服地遵纪守法。

习近平同志就倡导这样"刚柔并济"的治国韬略，他铁拳治贪、强力改革，尽显韬略之"刚"。面对腐败问题，习近平同志坚持"老虎、苍蝇一起打"。但同时，习近平同志也心系群众、平易近人，尽显韬略之"柔"。在作风改进过程中，习近平同志一直是以身作则、率先垂范。这种贴近群众、没有架子的"柔"，体现在执法中就是对人民群众的仁慈，法外开恩、法外容情，这种宽都是为了更好地治理国家，让民心所向，让国泰民安。

面对不同情况和不同对象，能够在"刚"与"柔"之间进行灵活转换，这正体现了不同时期英明的执政者治国理政的大智慧。我们可以预见，在全面深化改革、全面建成小康社会的奋斗道路上，各级党员干部一定能学习好、践行好习近平同志"刚柔并济"的治国韬略，不断团结和带领广大人民群众早日实现中国梦。

四、可越次平冤狱

（一）

【原典】

至于敬寡，至于属妇①，合②由以容③。

——春秋《尚书·周书·梓材》

【注释】　①属妇：妾，旧时的偏房。

②合：应该。

③容：宽容、饶恕。

【译文】　对于鳏寡老人和妾要多施恩泽，对他们的犯罪行为要宽恕。

（二）

【原典】

一赦曰幼弱，再赦曰老耄①，三赦曰蠢愚。

——战国《周礼·秋官》

【注释】　①老耄：七八十岁的老人。

【译文】　（西周法律规定）年幼无知的孩童、年老体衰的耄耋老人和精神障碍的痴呆愚蠢者违法犯罪除亲手故意杀人外一般均可赦免，免于追究刑事责任。

（三）

【原典】

不首^①自言其罪谓之首^②。

——（唐）长孙无忌等《唐律疏议·名例》

【注释】 ①不首：不告发。
　　　　②首：自首。

【译文】 没有人告发，自己说出本人的罪行，这就是自首。

（四）

【原典】

贞观元年，太宗谓侍臣曰："死者不可再生，用法须务在宽简^①。"

——（唐）吴兢《贞观政要·刑法》

【注释】 ①宽简：宽大，不苛求。

【译文】 贞观元年的时候，唐太宗对身边的大臣说："人死不能复生，因此，执法务必要宽大简约不苛刻。"

（五）

【原典】

圣人之行法也，如雷霆之震草木，威怒虽甚，而归于^①欲其生。

——（北宋）苏轼《乞常州居住表》

【注释】 ①归于：趋向。

【译文】 圣人执行法令的时候，犹如雷霆震撼草木，盛怒之下，但归根结底还是希望它们能够生存下来的。

（六）

【原典】

谳①决之司，所关最重，必听断明允，拟议持平，乃能使民无冤抑，可几刑措②之风。近览法司章奏，议决重犯甚多。愚民无知，身陷法网，或由教化未孚③，或为饥寒所迫，以致习俗日偷，民不畏法。每念及此，深为悯恻。在外督抚臬司④，及问刑各官审理重案，有律例未谙⑤，定拟失当，草率完结者；有胶执成见，改窜供招，深文罗织者；有偏私索诈，受嘱徇情，颠倒是非者。有一于此，民冤何以得伸？以后著严加申饬⑥，内外大小问刑各衙门，洗心涤虑⑦，持廉秉公，务期原情准法，协于至当；不得故纵市恩，亦不得苛刻失入。

——（清）马齐《圣祖仁皇帝实录·卷九十四》

【注释】　①谳（yàn）：宣判定案。

②刑措：亦作"刑错"；置刑法而不用。

③未孚：不能信服。

④臬（niè）司：一种官职，元代称肃政廉访使，明清称为按察使。

⑤谙（ān）：熟悉、精通。

⑥申饬（chì）：告诫、警告。

⑦洗心涤虑：涤除私心杂念。

【译文】　审判定案的部门，最重要的是，审理决断必须英明公允，对于双方争议持平处理，才能使百姓没有冤屈压抑，实现刑罚搁置不用的良好风气。最近浏览法务部门的奏章，判处重刑的罪犯很多。这些愚民无知，身陷法网，有的是因为教化不好，有的是因为饥寒所逼迫，导致习惯性偷窃，百姓不畏法律。每当想到这些，我就非常同情怜悯他们。我在外督查按察使，查问处理重大的刑事案件，有的官员对刑律、成例不熟悉，判处拟决不当，草率处理了结案件；有的官员固守成见，更改或者篡改供词，深究文字罗织罪名；有的官员偏袒私情索要或者骗取财物，受人所托徇情枉法，颠倒是非。只要有这样的情形，百姓的冤屈如何能够得到申雪？以后要严格整饬大大小小的司法部门，执法者必须洗涤心灵，清除不当考虑，廉洁奉公，必须以事实为依据，以法律为准绳，处理公正，不能故意放纵犯罪而获取恩情，也不能过于严酷苛刻使得无辜者入罪。

【国学常识】

午时三刻开刀问斩的由来

古代一昼夜划为十二个时辰，又划为一百刻（"刻"原来指的就是计时的滴漏桶上的刻痕。一昼夜滴完一桶，划分为一百刻）。"时"和"刻"实际上是两套计时系统单位，换算比较麻烦，平均每个时辰合八又三分之一刻。"午时"一般为中午11点至13点之间，午时三刻是将近正午12点，太阳挂在天空中央，是地面上阴影最短的时候。这在当时人看来是一天当中"阳气"最盛的时候。中国古代一直认为杀人是"阴事"，无论被杀的人是否罪有应得，他的鬼魂总是会来纠缠作出判决的法官、监斩的官员、行刑的刽子手和他被处死有关连的人员等。所以在阳气最盛的时候行刑，可以压制鬼魂使其不敢出现。这应该是习惯上"午时三刻"行刑的最主要原因。

那么，是不是古代法律规定在"午时三刻"行刑的呢？并非如此。比如唐宋时的法律规定，每年从立春到秋分，以及正月、五月、九月，大祭祀日、大斋戒日，二十四节气日，每个月的朔望和上下

古代用于计时的日晷

弦日、每月的禁杀日（即每逢十、初一、初八、十四、十五、十八、廿三、廿四、廿八、廿九、三十）都不得执行死刑。而且还规定在"雨未晴、夜未明"的情况下也不得执行死刑。有人计算后认为，按如此规定唐朝一年里能够执行死刑的日子不到 80 天。在行刑的时刻上，唐代的法律明确规定，只能在未时到申时这段时间内（大约为13 时到 17 时之间）行刑。并不是"午时三刻"。而明清的法律只是规定了和唐代差不多的行刑日期，对于行刑的时刻并没有明确的规定。

 【国学故事】

唐太宗包容有道

从历史角度而言，唐太宗一直被视为是一位懂得适度宽容下属过失的明君。面对大臣的过失，只要不违反原则问题，他常常会选择为他们开脱。

东汉时期，蔡邕曾创造了一种"飞白书"，就是枯墨走笔的书法艺术，字体苍劲有力，因书写时速度飞快，笔画中露出一丝的白地，所以被称为"飞白书"。唐太宗尤其善于写这种书法，也由此名扬四海。

一次，太宗在玄武门宴请三品以上的大臣。君臣之间其乐融融，趁着酒兴，有不少臣子要求太宗赏赐"飞白书"。由于酒意正浓，臣子忽视了君臣之间的礼节，纷纷上前抢夺太宗书写的"飞白书"条幅。臣子中尤属常侍刘洎向来疏狂，为了抢夺"飞白书"，刘洎竟然一步登上了太宗的御座。

仓皇之间，还有几位较为清醒的大臣发现了刘洎得意忘形，在发现刘洎手舞足蹈踏上了龙座后便俯首说道："刘洎擅登御座，触犯了皇上，按罪当斩。"这时刘洎才意识到自己触犯龙颜，有失体统，闯了大祸，顿时酒醒了一半，赶紧跪下磕头认罪，请求皇上治罪。

此时，酒席间的气氛一下凝重起来，大臣们纷纷惶恐不敢出声。唯独太宗却微笑着打趣道："我过去只听说嫔妃们会找借口坐一坐皇上和皇后的车子，今天我看到了也有大臣要坐一坐我的御座。礼法虽严，但不加酒醉之人，刘爱卿爱朕书法，有什么罪？只是别伤到了脚踝就是了。"就这样，太宗轻易地饶恕了本应被处死的大臣。

 【现实启悟】

"人性化执法"该坚持

"人性化执法"是文明执法的需要，也是公安部门所大力倡导的执法方式。"人性化执法"作为一种新的执法理念，已成为行政执法工作最热门的话题。所谓"人性化执法"就是执法者依照法律法规规定，靠"人性化"管理，在尊重当事人合法权利的前提下，处理好执法者与执法对象之间的关系，依据合法的程序开展执法活动。

制定法律的目的，是为了让社会更加有序、和谐和安宁，在惩罚犯罪行为的同时，倡导良好的社会风气。古人云，"攻心为上"，对违法者动之以情，晓之以理，并辅以法律的强制手段才是正确的。如此，不仅有助于执法人员的形象塑造，还彰显了一种丰厚的人文内涵，这无疑契合现代法治社会"以人为本"的价值理念。

近年来，多省市地方政府公安机关推出一系列"人性化执法"举措，如在办案过程中注意保障当事人的合法权益；在依照法定程序立案搜查、勘查现场时，"要把犯罪嫌疑人和家属区别开来，搜查中要回避未成年人、老年人和患有疾病的自然人，使他们的身心不受伤害"；执行中"要给犯罪嫌疑人的家属留有必要的生活费用，禁止没收必需的生活用品及用具，禁止对犯罪嫌疑人训斥、体罚，严禁刑讯逼供，严禁采取不适当的强制措施"；对初犯、偶犯、在校学生违法的处罚，将在执法办案过程中适用从宽情节，对具有法律法规规定的从轻、减轻、免于处罚等情节的初犯、偶犯，尤其是在校学生，无论可否追究刑事责任，一律不追究刑事责任，可劳教可不劳教的一律不予劳教；禁止使用"打工仔""打工妹""乡巴佬"等不平等性的称呼，尊重和保护其合法权益，等等。这些人性化执法的措施一出台，引起了广泛反响。人们普遍认为这样的"人性化执法"体现了法治的进步和社会文明程度的提升。

五、刑讯不可滥用

（一）

【原典】

令^①已布^②而罚不及，则是教民不听。

——（春秋）管仲《管子·法法》

【注释】①令：法令。

②布：宣布、颁布。

【译文】法令已经公布，而不能依法行罚，这就会使百姓不服从法令。

（二）

【原典】

凡令之行也、必待近者之胜^①也，而令乃行。故禁不胜于亲贵，罚不行于便辟^②，法禁不诛^③于严重，而害于疏远，庆赏不施于卑贱，二三^④而求令之必行，不可得也。

——（春秋）管仲《管子·重令》

【注释】①胜：使承担、承受。

②便辟：谄媚逢迎的小人。

③诛：责罚。

④二三：约数，不定数。

【译文】 凡是法令的执行，必须使君主所亲近的人遵守，然后法令才能被贯彻下去。所以，禁令不能约束亲近的人和地位高的人，刑罚不肯加于君主身边的嬖臣，法律禁令不惩罚罪行严重的人，只加害疏远的人，封赏不肯给予出身低的人们，这样，还指望法令贯彻下去，是办不到的。

（三）

【原典】

不以私①害法，则治。

—— （战国）商鞅《商君书·修权》

【注释】 ①私：私利。

【译文】 不因私利而损害法制，国家就会得到治理。

（四）

【原典】

绳①之以法，断②之以刑，然后寇止奸禁③。

—— （西汉）桓宽《盐铁论·大论》

【注释】 ①绳：以什么为准绳。

②断：断案。

③禁：法律上制止的事。

【译文】 以法律为准绳，以刑法来断案，不轻放犯人，就可以减少寇贼伤害社会，伤害国家。

（五）

【原典】

不宜偏私，使内外①异法也。

—— （三国蜀）诸葛亮《前出师表》

【注释】 ①内外：亲疏。

【译文】 不应当因私情而加以偏袒，使亲疏有不同的法律。

（六）

【原典】

赏不遗①疏远，罚不阿②亲贵，以公平为规矩，以仁义为准绳。

—— （唐）吴兢《贞观政要·择官》

【注释】 ①遗：漏掉。

②阿（ē）：屈从。

【译文】 奖赏时不能漏掉和自己关系疏远的人，惩罚时不能袒护亲近和有地位的人。奖赏和处罚都要以公平合理为标准，以仁爱、道义为准绳。

（七）

【原典】

人胜法，则法为虚器①。

—— （北宋）苏轼《应制举上两制书》

【注释】 ①虚器：有名无实的东西。

【译文】 人治的作用超过了法律的作用，那么，法律就变成了虚设的东西。

（八）

【原典】

人臣有二惩①：曰私、曰伪。私则利己徇②人，而公法坏；伪则弥缝③粉饰，而实政隳④。

—— （明）吕坤《呻吟语》

【注释】①惩：戒止。

②徇：同"殉"。

③弥缝：设法遮掩以免暴露。

④隳（huī）：毁坏、崩毁。

【译文】做臣子的有两个字需要引以为戒：一是"私"字，一是"伪"字。自私就会为了自己的利益曲从别人，从而破坏公正的法律；作伪就会虚假浮夸粉饰太平，从而毁坏实在的政事。

（九）

【原典】

法所当加，虽贵近不宥①；事有所枉，虽疏贱必申②。

—— （明）张居正《陈六事疏》

【注释】①宥（yòu）：宽容、饶恕、原谅。

②申：陈述、说明。

【译文】根据法律应当治罪的，即使是皇亲国戚、尊贵亲近之人，也绝不能宽宥；如果有冤案，即使是非亲非故的卑贱小民，也一定要为之申冤昭雪。

（十）

【原典】

不难于得方①，而难得用方之医；不难于立法，而难得行法之人。

——（清）魏源《默觚下·治篇四》

【注释】①方：药方、处方。

【译文】得到治病的药方并不难，难的是得到会开药方的医生；制定法令并不难，难的是得到认真执法的人。

**【国学常识】**

古代律师趣闻

在古代，律师叫作讼师，是替打官司的人出主意、写状纸为职业的人，有点像现在的律师。孔子说过："听讼，吾犹人也。必也使无讼乎！"意思是主持审判，我和其他人差不多，应该做的是让诉讼无从发生。此话后来成了儒家有关诉讼问题的宗旨，儒生出身的官员总说为官一方，首要大事便是"息讼"。而讼师为民间讼者服务，自然就成了官员的眼中钉。按儒家精神制定的法律，也不承认讼师的地位，因此其社会地位十分低下。

古代打官司不准代理，有身份的官员、士大夫、妇女可以由家人代为诉讼，诉讼双方当事人必须亲自到庭。也不准"教唆词讼"，不准教别人如何打官司。为人起草诉状是可以的，但是不得加减情节和诉讼请求。有的讼师也会顶他人名字出庭，但如果被长官看破，免不了挨一顿打，"臀坚耐杖笞"就是如此而来。教别人打官司的讼师、代他人出庭打官司的讼棍，都要被判充军。刊刻售卖教导诉讼书籍的，要判刑。典籍描述的讼师形象，大多丑陋不堪，最典型的是清初方汝浩《禅真逸史》第二十四回"伏威计夺胜金姐，贤士教唆桑皮筋"里的讼师管贤士，原文是这样描述他的："枪刀不见铁，杀人不见血。棒打不见疼，伤寒不发热。毒口不见蛇，蜇尾不见蝎。苦痛不闻声，分离不见别。世上若无此等人，官府衙门不用设。"

这简直是集世间原罪于一身了。尽管如此，但也有一些讼师确实办了不少实事。曾六如的笔记《小豆棚》就记载了这样的讼师——湖州女讼师"疙瘩老娘"。"疙瘩老娘"是个寡妇，远近闻名的刀笔讼师，文笔十分犀利。许多经年不结的大案子，凭她一纸数笔，就可以力挽狂澜而结案。她靠这个本事发了大财。湖州一个富家儿媳，丈夫死后想改嫁，而公公不允许，迫她守寡。她便向"疙瘩老娘"求援，"疙瘩老娘"开价是一字百两银子，向她要了一千六百两银子，写了张十六字的状子。状子是这样的："氏年十九，夫死无子，翁壮而鳏，叔大未娶。"意思是这个媳妇年方十九岁，丈夫死了，没有给她留下儿子，公公正值壮年且鳏居，小叔子长大了也未娶亲。

俗话说："养儿防老。"寡妇有儿子的话，以后的生活和在家里的地位就有了保障。没有儿子而守寡，未来的生活则没有任何保障。况且，家里的两个至亲都是单身。按当时的法律，公公与儿媳私通是死罪，弟弟娶寡嫂也是死罪。更重要的是，古时的吏治理念是以德治国，一旦出现这种乱伦的事情，会对官吏的政绩造成恶劣的影响。状子呈上去，县官即判儿媳改嫁。一次，江北连年歉收，米贩纷纷到江南收购粮食。江南人怕米价高涨，禁止大米出境，结果形成诉讼。米贩求助于"疙瘩老娘"。"疙瘩老娘"索要三千两银子，写了张状子呈上。次日，衙门就下令不得阻止粮食出境。那张状子写道："列国纷争，尚有移民移粟；天朝一统，何分江北江南。"对仗工整，说理透彻，令人拍案叫绝。由此可见，讼师们的智慧的确不容小觑。他们在诉讼中有时能独当一面，常常起到以一词一句而定乾坤的作用，当然这与当时的诉讼程序不完备，重口供而轻调查，缺乏庭辩程序有很大关系。讼师的刀笔之功，不仅在文辞之犀利，更是在于其对事理的剖析有过人之处。

【国学故事】

负私恩明大义的孙叔敖

楚庄王雄才大略，一心想效法齐桓公、晋文公称霸诸侯，成就一番霸业。时任楚国令尹的虞邱子德高望重，他对于楚庄王选拔人才的决心很是欣喜。于是他到处走访寻找优秀的治国人才，当他得知孙叔敖有着治国之才，便将这个出身贫寒的"乡里之士"推荐给庄王，说如果庄王能够"举而授之政，则国治而士民可使服"，并请求把令尹的职位让给孙叔敖。庄王刚开始不同意，虞邱子就以"久国禄位者，贪也；不进贤达能者，诬也；不让以位者，不廉也；不能三者，不忠也"作为理由，一再恳求让贤。庄王最终被他的大公无私的诚意所动，委任孙叔敖为令尹，并赏虞邱子"采地三百，号曰国老"，对他依然宠荣有加。

从情理上说，孙叔敖之所以能够当上令尹，虞邱子的荐举恩同再造。然而，刚上任不久，虞邱子的家人触犯了刑律，依法应当被判处死刑。考虑到虞邱子的身份是前任令尹，且又被庄王尊称为"国老"，百姓以及各官员都对他敬重和爱戴有加。因此，各级官吏都认为这件事情非常棘手，最终还是将案卷呈送到了孙叔敖的面前，等待的处置。

难题到了孙叔敖面前以后，众人猜测他可能存在的三种选择：一种是徇私枉法，将案件忽视或者从轻发落，由此报答虞邱子的知遇之恩；第二种是将案件推送给他人处置，以此逃避自己的责任，

楚相孙叔敖像

这样便可以两全，既不得罪虞邱子，又不违反法律；最后便是依法处置，不顾私情。但是这种处决方式也有冒险，如果虞邱子急于护短计较起来，可能会弄个两败俱伤。

最终，孙叔敖毅然决然地选择了宁可有负私恩，也不敢枉国法，把罪犯"执而戮之"，显示出公正无私的本色。而虞邱子也不愧为一位深明大义的长者。他见孙叔敖如此公正执法，不避私恩与权贵，以身许国，不但没有记恨孙叔敖，反而对庄王说："臣言孙叔敖果可使持国政，奉国法而不党，施刑戮而不委，可谓公平。"把孙叔敖着实褒扬了一番。孙叔敖任令尹期间由于其公正无私，很快就将楚国治理得"上下和合，世俗盛美，政缓禁止，吏无奸邪，盗贼不起"。最终，楚庄王在他的辅佐下励精图治，当上了中原的第三代霸主。

【现实启悟】

司法为民维护正义

习近平同志在党的十八届四中全会上指出司法是维护社会公平正义的最后一道防线。习近平说，我曾经引用过英国哲学家培根的一段话，他说："一次不公正的审判，其恶果甚至超过十次犯罪。因为犯罪虽是无视法律——好比污染了水流，而不公正的审判则毁坏法律——好比污染了水源。"这其中的道理是深刻的。如果司法这道防线缺乏公信力，社会公正就会受到普遍质疑，社会和谐稳定就难以保障。因此，全会决定指出，公正是法治的生命线；司法公正对社会公正具有重要引领作用，司法不公对社会公正具有致命破坏作用。习近平同志进一步指出，当前，司法领域存在的主要问题是，司法不公、司法公信力不高问题十分突出，一些司法人员作风不正、办案不廉，办金钱案、关系案、人情案，"吃了原告吃被告"，等等。

司法不公的深层次原因在于司法体制不完善、司法职权配置和权力运行机制不科学、人权司法保障制度不健全。针对上述问题，维持司法公正，一方面，要完善司法保障制度，首先，要建立领导干部干预司法活动、插手具体案件处理的记录、通报和责任追究制度；其次，要健全行政机关依法出庭应诉、支持法院受理行政案件、尊重并执行法院生效裁判的制度；另一方面，首先，要建立健全司法人员履行法定职责保护机制。其次，为优化司法职权配置，要推动实行审判权和执行权相分离的体制改革试点；统一刑罚执行体制；探索实行法院、检察院司法行政事务管理权和审判权、检察权相分离；变立案审查制为立案登记制。最后，保障人民群众参与司法，应当完善人民陪审员制度，扩大参审范围；推进审判公开、检务公开、警务公开、狱务公开；建立生效法律文书统一上网和公开查询制度。